# Mit Erfolg zum
# Goethe-Zertifikat B2

## Übungsbuch

von
Andrea Frater
Dr. Jörg Keller
Angélique Thabar

Beratung:
Eva-Maria Jenkins-Krumm

Ernst Klett Sprachen
Stuttgart

# Mit Erfolg zum Goethe-Zertifikat B2
## Übungsbuch

von Andrea Frater, Dr. Jörg Keller, Angélique Thabar

Beratung: Eva-Maria Jenkins-Krumm

Weitere Komponenten:

Testbuch + Audio-CD                    ISBN 978-3-12-675831-4
mit den Hörtexten (inklusive
Transkriptionen)

1. Auflage        1 ⁹   |   2016

Alle Drucke dieser Auflage können nebeneinander benutzt werden, sie sind untereinander unverändert. Die letzte Zahl bezeichnet das Jahr des Druckes.

Internet: www.klett-sprachen.de

Redaktion: Nadja Fügert, Barbara Herrmann, Berlin
Umschlaggestaltung: Claudia Stumpfe
Herstellung: Katja Schüch
Layout und Satz: Jasmina Car, Nürtingen
Druck: LCL Dystrybucja Sp. z o.o.
Printed in Polan

ISBN: 978-3-12-675830-7

# Inhalt

# Vorwort

## Vorwort

Mit diesem Übungsbuch *Mit Erfolg zum Goethe-Zertifikat B2* können Sie die B2-Prüfung kennen lernen. Wir stellen Ihnen die einzelnen Bestandteile der Prüfung vor und bieten dazu Übungen an, die Ihnen helfen sollen, die Prüfungsaufgaben Schritt für Schritt zu meistern. Ebenso finden Sie vorbereitende Aufgaben zum Wortschatz und ein Wiederholungskapitel prüfungsrelevanter Grammatik, die an zahlreichen Beispielen veranschaulicht und eingeübt wird.

Das Übungsbuch ist für das Eigenstudium zu Hause konzipiert und stellt eine Ergänzung zum Testbuch *Mit Erfolg zum Goethe-Zertifikat B2* dar. Dort finden Sie vier B2-Modellprüfungen.

Abschließend möchten wir uns bei all denen bedanken, die uns bei diesem Projekt begleitet und unterstützt haben: bei unseren Kursteilnehmerinnen und –teilnehmern für Inspiration und Erprobung, bei unseren Kolleginnen und Kollegen für Impulse und Tipps und nicht zuletzt bei unseren Lieben für Zuspruch und Geduld.

Nun wünschen wir Ihnen aber viel Spaß bei der Arbeit mit unserem Buch und viel Erfolg beim Bestehen Ihres Goethe-Zertifikats B2!

Andrea Frater, Jörg Keller und Angélique Thabar

Zürich, im September 2008

## Das Goethe Zertifikat B2 – Kurzbeschreibung

### Was Sie darüber wissen müssen:

Mit diesem Zertifikat weisen Sie qualifizierte Kenntnisse des Deutschen nach. Die Prüfung kann auf der ganzen Welt abgelegt werden und ist standardisiert. Voraussetzung zur Teilnahme an dieser Prüfung sind 600–700 Unterrichtseinheiten à 45 Minuten.
Sie haben die Prüfung bestanden, wenn Sie von insgesamt 100 möglichen Punkten 60 Punkte erreicht haben. Pro Prüfungsteil gibt es maximal 25 Punkte.

## Was wird geprüft?

### Schriftliche Prüfung

**Leseverstehen 1:** Fünf Personen suchen ein zu ihnen passendes Angebot aus acht Kurztexten (A – H).

**Leseverstehen 2:** Fünf Multiple-Choice-Aufgaben sind zu einem zusammenhängenden, informativen Text zu lösen.

**Leseverstehen 3:** Bei einem kurzen, zusammenhängenden Text sollen Sie die Meinung des Autors herausfinden. Ist sie positiv oder negativ/skeptisch?

**Leseverstehen 4:** Bei einem kurzen, zusammenhängenden Text sollen Sie in zehn Zeilen das letzte Wort ergänzen. Es fehlt jeweils nur ein Wort.

**Hörverstehen 1:** Sie hören eine Nachricht auf dem Anrufbeantworter. Während des Hörens müssen Sie fehlende Informationen ergänzen oder falsche Informationen korrigieren. Sie hören den Text nur einmal.

**Hörverstehen 2:** Sie hören ein Interview mit zwei oder mehr Personen. Dazu sollen Sie zehn Multiple-Choice-Aufgaben lösen. Das Interview hören Sie zweimal!

**Schriftlicher Ausdruck 1:** Sie erhalten zwei kurze Zeitungsmeldungen zur Auswahl. Nach fünf Minuten müssen Sie sich für eine der beiden entscheiden. Erst dann bekommen Sie den ganzen Zeitungstext. Auf vier vorgegebene Punkte sollen Sie eingehen und einen Leserbrief von ca. 200 – 250 Wörtern schreiben.

**Schriftlicher Ausdruck 2:** Bei dieser Aufgabe müssen Sie einen formellen Brief korrigieren. Pro Zeile gibt es einen syntaktischen oder grammatikalischen Fehler, den Sie finden und verbessern sollen.

### Mündliche Prüfung

**Mündlicher Ausdruck 1:** Als Kandidat/-in 1 erhalten Sie einen kurzen Zeitungstext, über den Sie Ihren Gesprächspartner informieren sollen. Danach sprechen Sie über eigene Beispiele oder Erfahrungen und äußern Ihre Meinung. Ihr Gesprächspartner, Kandidat 2, hört nur zu und berichtet Ihnen dann anschließend über seinen Text.

**Mündlicher Ausdruck 2:** Kandidat/-in 1 und 2 sprechen darüber, welches von drei möglichen Fotos sich ihrer Meinung nach am besten für einen Katalog, eine Lokalzeitung oder einen Kalender eignet. Sie sollen mögliche Vorschläge und Alternativen diskutieren.

# Vorwort

## Übersicht Prüfungsteile B2-Prüfung

| Leseverstehen | 80 Minuten | 25 Punkte |
|---|---|---|
| **Leseverstehen 1**<br>15 Minuten<br>8 Kurztexte<br>5 Aufgaben<br>je 1 Punkt = 5 Punkte | **Leseverstehen 2**<br>25 Minuten<br>1 Lesetext<br>5 Multiple-Choice-Aufgaben<br>je 1 Punkt = 5 Punkte | |
| **Leseverstehen 3**<br>25 Minuten<br>1 Lesetext<br>5 Fragen zur Meinung des Autors<br>je 1 Punkt = 5 Punkte | **Leseverstehen 4**<br>15 Minuten<br>kurzer Lückentext<br>10 Aufgaben<br>je 1 Punkt = 10 Punkte | |

| Hörverstehen | 30 Minuten | 25 Punkte |
|---|---|---|
| **Hörverstehen 1**<br>8 Minuten<br>Nachricht auf Anrufbeantworter<br>5 Fragen<br>je 2 Punkte = 10 Punkte | **Hörverstehen 2**<br>22 Minuten<br>Interview mit zwei oder mehr Sprechern<br>10 Fragen<br>je 1,5 Punkte = 15 Punkte | |

| Schriftlicher Ausdruck | 80 Minuten | 25 Punkte |
|---|---|---|
| **Schriftlicher Ausdruck 1**<br>65 Minuten<br>Schriftliche Reaktion auf eine Meldung in der Zeitung oder im Internet<br>Auswahl zwischen Thema 1 A oder 1 B<br>4 Fragen<br>15 Punkte | **Schriftlicher Ausdruck 2**<br>15 Minuten<br>Korrektur eines Briefes<br>10 Fehler<br>je 1 Punkt = 10 Punkte | |

| Mündlicher Ausdruck | 10–15 Minuten | 25 Punkte |
|---|---|---|
| **Mündlicher Ausdruck 1**<br>3–4 Minuten<br>Einzelvortrag zum Thema eines Kurztextes<br>max. 12,5 Punkte | **Mündlicher Ausdruck 2**<br>4–6 Minuten<br>Gespräch über drei Bilder<br>max. 12,5 Punkte | |

# Leseverstehen

## Beschreibung dieses Prüfungsteils

### Übergreifendes Prüfungsziel

Der Prüfungsteil Leseverstehen besteht aus vier Teilen mit unterschiedlichen Aufgaben. Dabei sollen Sie zeigen, dass Sie

- Texten gezielt Informationen entnehmen können,
- in längeren Artikeln sowohl Hauptaussagen als auch Einzelheiten verstehen können,
- Meinungen und Standpunkte erkennen können,
- Texte korrekt ergänzen können.

Diese Ziele entsprechen dem Niveau B2 des Gemeinsamen Europäischen Referenzrahmens (GeR).

Ich kann ein breites Spektrum von Themen und Texten verstehen, auch komplexere Sachtexte, Kommentare und Berichte.

### Die Aufgabentypen

**Teil 1 – Aufgabe 1**
Sie erhalten:
– zwei Aufgabenblätter mit fünf Fragestellungen und acht kurzen Texten.

Zusätzlich erhalten Sie den Antwortbogen, auf den Sie die Lösungen aller vier Teile übertragen müssen.

Indem Sie fünf Personen die passenden Texte zuordnen, zeigen Sie, dass Sie kürzeren Texten gezielt Informationen entnehmen können.

# Leseverstehen

**Teil 2 – Aufgabe 2**

Sie erhalten:
- ein Aufgabenblatt,
- einen Text, z. B. einen Artikel oder Sachtext.

Indem Sie aus drei vorgegebenen Antworten die richtige auswählen, zeigen Sie, dass Sie einem Text sowohl Hauptaussagen als auch Einzelheiten entnehmen können.

**Teil 3 – Aufgabe 3**

Sie erhalten:
- ein Aufgabenblatt,
- einen Text, z. B. eine Stellungnahme oder einen Kommentar.

Indem Sie Fragen zu einem Text beantworten, zeigen Sie, dass Sie explizite und implizite Meinungen und Standpunkte erkennen können.

**Teil 4 – Aufgabe 4**

Sie erhalten:
- einen Text, bei dem der rechte Rand fehlt.

Indem Sie Lücken in einem Text ergänzen, zeigen Sie, dass Sie über die nötigen Kenntnisse in Wortschatz und Grammatik verfügen.

## Dauer

☼ Für die Lösung des Schriftlichen Ausdrucks haben Sie insgesamt 80 Minuten Zeit.

Leseverstehen, Aufgabe 1 ca. 15 Minuten
Leseverstehen, Aufgabe 2 ca. 25 Minuten
Leseverstehen, Aufgabe 3 ca. 25 Minuten
Leseverstehen, Aufgabe 4 ca. 15 Minuten

Am Ende der Prüfung haben Sie fünf Minuten Zeit, Ihre Lösungen auf den Antwortbogen zu übertragen.

## Bewertung

Im Leseverstehen Teil 1 erhalten Sie pro Antwort einen Punkt.
Im Leseverstehen Teil 2 erhalten Sie pro Antwort einen Punkt.
Im Leseverstehen Teil 3 erhalten Sie pro Antwort einen Punkt.
Im Leseverstehen Teil 4 erhalten Sie pro Lücke einen Punkt.

Die maximale Punktzahl beträgt 25 Punkte.
Teil 1 – maximal 5 Punkte
Teil 2 – maximal 5 Punkte
Teil 3 – maximal 5 Punkte
Teil 4 – maximal 10 Punkte

Die Punkte aller drei schriftlichen Prüfungen, d.h. Leseverstehen, Hörverstehen und schriftlicher Ausdruck, werden für das Ergebnis zusammengezählt. Dies ergibt ein Punktemaximum von 75. Sie müssen mindestens 45 Punkte erreichen, um die schriftlichen Prüfungen zu bestehen. Das entspricht 60%.

## Wichtige Hinweise

Beim Leseverstehen ist das Benutzen von Wörterbüchern oder anderen Hilfsmitteln nicht gestattet.

Es spielt keine Rolle, in welcher Reihenfolge Sie die Aufgaben lösen. Passen Sie auf, dass Sie keine Aufgabe vergessen, und achten Sie auf die Zeit!

### Überblick über die Prüfungsteile zum Leseverstehen

| Teile | Prüfungsziele | Textarten | Vorlagen | Aufgabentyp | Aufgaben-zahl | Punkte |
|---|---|---|---|---|---|---|
| LV 1 | einem Text gezielt Informationen entnehmen | kürzere Artikel, z.B. Anzeigen | • fünf Personenbeschreibungen und acht kürzere Texte | Zuordnen | 5 | 5 |
| LV 2 | einem Text Hauptaussagen wie auch Einzelheiten entnehmen | z.B. Artikel, Sachtext | • Text<br>• Fragen im Multiple-Choice-Format | Multiple-Choice | 5 | 5 |
| LV 3 | Meinungen oder Standpunkte in einem Text erkennen | z.B. Stellungnahme oder Kommentar | • Text<br>• Fragen | Alternativantwort (positiv – negativ / skeptisch) | 5 | 5 |
| LV 4 | Text semantisch und grammatisch korrekt ergänzen | journalistische Texte, z.B. Bericht | • Text, bei dem der rechte Rand fehlt | Lückentext | 10 | 10 |
| | | | **Dauer: 80 Minuten** | | | |

# Leseverstehen, Teil 1

## Beschreibung des Prüfungsteils

### Was bekommen Sie?

❖ Sie erhalten ein Aufgabenblatt mit fünf kurzen Personenbeschreibungen und acht kleinen Texten.

### Was sollen Sie tun?

❖ Sie sollen fünf Personen mit bestimmten Interessen je einen von acht Kurztexten zuordnen, z. B. ein Buch, einen Kurs oder eine Organisation auswählen.

### Was müssen Sie können, um diese Aufgabe zu lösen?

❖ Sie müssen selektiv lesen können, also die Aufgaben und Texte schnell nach Schlüsselwörtern absuchen können.

### Lösungswege

**1**  Streichen Sie den Beispieltext. Dieser ist in den Lösungen nicht enthalten.

**2**  Nun haben Sie verschiedene Möglichkeiten, die Aufgabe zu lösen:

**A**

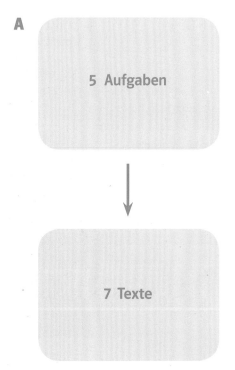

Lesen Sie zunächst *alle* Personenbeschreibungen und unterstreichen Sie Schlüsselwörter. Überfliegen Sie dann die Kurztexte und wählen Sie aus.

Alternativ können Sie auch mit den Lesetexten beginnen. Diese Variante ist jedoch zeitintensiver und daher weniger zu empfehlen.

**B**

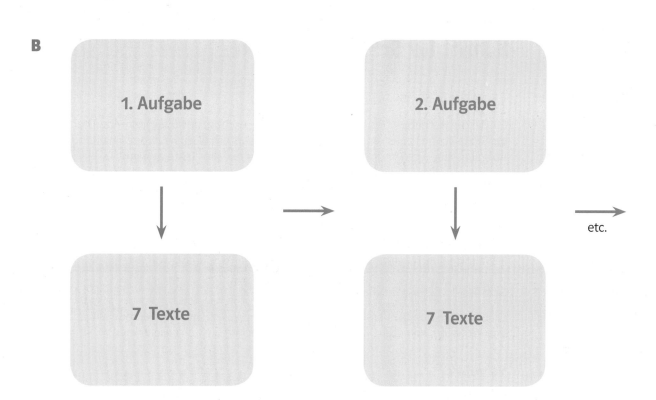

Lesen Sie *eine* Personenbeschreibung und markieren Sie Schlüsselwörter. Überfliegen Sie dann die Kurztexte. Anschließend lesen Sie die nächste Personenbeschreibung, markieren wiederum Schlüsselwörter und überfliegen erneut die Kurztexte.

## Dauer

⊙ Die Bearbeitungszeit für das Leseverstehen, Teil 1, beträgt ca. 15 Minuten.

## Wie wird diese Aufgabe bewertet?

⊙ Sie können in diesem Prüfungsteil pro Aufgabe einen Punkt erhalten, das Maximum sind also fünf Punkte.

**Überblick Leseverstehen, Aufgabe 1**

| | Prüfungsziele | Vorlagen | Aufgabentyp | Aufgabenzahl | Punkte |
|---|---|---|---|---|---|
| LV 1 | mehreren Texten gezielt und schnell Informationen entnehmen | zwei Aufgabenblätter mit fünf Personenbeschreibungen und acht Kurztexten | Zuordnung | 5 | 5 |

In den folgenden Abschnitten lernen Sie, wie Sie bei der Lösung dieser Aufgabe Schritt für Schritt vorgehen können.

## Schritt für Schritt zur Lösung

### Übergreifendes Thema der Texte erkennen

Bei der Aufgabe 1 des Leseverstehens ist es wichtig, das übergreifende Thema der Texte schnell zu erkennen. Den ersten Hinweis erhalten Sie in der Einleitung zur Aufgabe. Hier wird Ihnen das übergreifende Thema aller Texte genannt:

**Beispiel**

> Die Schweiz ist bekannt für ihre vielfältige und exzellente Küche. In Zürich gibt es für jeden Geschmack <u>Restaurants</u>.

↳ Wahrscheinlich werden in allen Texten Züricher Restaurants vorgestellt.

### Schlüsselwörter markieren

Lesen Sie nun die Personenbeschreibungen. Was suchen die Personen? Was sind ihre Wünsche, Vorlieben, Merkmale? Unterstreichen Sie Schlüsselwörter.

**Tipp:** Schlüsselwörter zu unterstreichen ist eine wichtige Arbeitstechnik für die Prüfung.

### So geht's

Sie wissen bereits nach dem Lesen der Fragestellung, dass es um Restaurants geht. Die Personen suchen also Restaurants. Wer will nun aber was? Lesen Sie die Personenbeschreibungen genau durch und unterstreichen Sie das Wichtigste.

**Beispiel**

> Welches Restaurant wäre wohl interessant für jede der folgenden Personen?
>
> John H., der mit mehreren <u>wichtigen Klienten</u> <u>zu Mittag essen</u> möchte und daher ein Lokal sucht, in dem man auch gut mit <u>Geschäftspartnern</u> essen gehen kann.

### Aufgabe 1:

➔ Unterstreichen Sie die Schlüsselwörter.

> Heike B., die gerade aus Indonesien zurückgekommen ist und mit ihrer Familie in einem Restaurant noch ein wenig Urlaubsfeeling genießen möchte.
>
> Lasse N., der mit Freunden am Sonntag chinesisch essen möchte.
>
> Monika E., die am Abend spontan mit Kommilitonen zum Essen gehen und gerne etwas Ungewöhnliches probieren möchte.
>
> Antonia F., die heute nicht selbst kochen, sondern lieber Essen kaufen und mit nach Hause nehmen möchte.

# Den richtigen Text finden

◉ Nun geht es darum, möglichst schnell den richtigen Text für die einzelnen Personen zu finden.

## So geht's

◉ Streichen Sie den Beispieltext. Dieser wird bei den Lösungen nicht mehr vorkommen. Überfliegen Sie dann die übrigen Texte.

◉ Es geht bei diesem Schritt nicht darum, jedes Detail zu verstehen.

**Tipp:** Achten Sie auch auf die Überschriften.

### Beispiel

Im Folgenden finden Sie zwei Beschreibungen und eine Auswahl von vier Texten.

Welches Restaurant wäre von Interesse für

**01** Angelika R., die mit Freunden bei diesem schönen Wetter <u>draußen sitzen</u> und essen möchte.

**02** Tom P., der im Sommer nach <u>Boston</u> fliegt und sich schon einmal <u>mit typischem Essen auf seine Reise einstimmen</u> möchte.

---

**A**

# Verona

Ein idyllisches Stück Italien mitten in der Stadt. Das Restaurant bietet für jeden Geschmack und jedes Budget etwas. Von hausgemachten Nudeln über Fischspezialitäten bis hin zum exquisiten Geschäftsessen mit Mehrgangmenü. Montag bis Samstag durchgehend warme Küche. Sonntag Ruhetag.

---

**B**

# Fusion

Fusion bietet gehobenes Ambiente und eine interessante Küche, in der westliche Elemente mit traditionell asiatischen kombiniert werden. Das Restaurant ist erst für den Abendservice geöffnet und eine Reservierung ist unerlässlich. Dafür ist das Personal von Montag bis Sonntag für Sie da.

---

**C**

# Curry

Ein multikulturelles Haus mitten in der Altstadt, das weit mehr als nur Curry zu bieten hat. Das *Curry* Team bietet höchste Qualität der thailändischen Küche mit perfektem Service in eindrucksvollem Ambiente, drinnen wie draußen.

---

**D**

# Panda

Das Restaurant Panda ist ein Familienbetrieb, der durch seine herzliche und charmante Bedienung wie auch durch das gemütliche Ambiente besticht. Auf der Speisekarte finden Sie eine vielfältige Auswahl an Speisen aus dem Fernen Osten, insbesondere aus China, Vietnam und Japan. Dienstag bis Donnerstag 11.00 Uhr bis 21.00 Uhr, Freitag und Samstag bis 24.00 Uhr geöffnet, Montag Ruhetag.

---

**Lösung:**

↳ 01 **C**: Curry ist das einzige Restaurant, bei dem man draußen sitzen kann.

↳ 02 **negativ**: Es gibt kein Restaurant, in dem amerikanisches Essen angeboten wird.

## Aufgabe 2

➜ Lesen Sie sich die Wünsche der folgenden Personen durch und unterstreichen Sie Schlüsselwörter.

➜ Streichen Sie den Text des Beispiels (C).

➜ Lesen Sie dann die Restaurantbeschreibungen. Sie können dabei Schlüsselwörter im Text unterstreichen. Orientieren Sie sich an den Wörtern, die Sie bei den einzelnen Personen unterstrichen haben.

|  |  | Text |
|---|---|---|
| 01 | Angelika R., die mit Freunden bei diesem schönen Wetter draußen sitzen und essen möchte. | C |
| 02 | Tom P., der im Sommer nach Boston fliegt und sich schon einmal mit typischem Essen auf seine Reise einstimmen möchte. | negativ |
| 1. | John H., der mit mehreren wichtigen Klienten zu Mittag essen möchte und daher ein Lokal sucht, in dem man auch gut mit Geschäftspartnern essen gehen kann. | A |
| 2. | Heike B., die gerade aus Indonesien zurückgekommen ist und mit ihren kleinen Nichten in einem Restaurant noch ein wenig Urlaubsfeeling genießen möchte. |  |
| 3. | Lasse N., der mit Freunden am Sonntag chinesisch essen möchte. |  |
| 4. | Monika E., die am Abend spontan mit Kommilitonen zum Essen gehen und gerne etwas nicht Alltägliches probieren möchte. | B |
| 5. | Antonia F., die heute nicht selbst kochen, sondern lieber Essen kaufen und mit nach Hause nehmen möchte. | E |

---

**A**

# Verona

Ein idyllisches Stück Italien mitten in der Stadt. Das Restaurant bietet für jeden Geschmack und jedes Budget etwas. Von hausgemachten Nudeln über Fischspezialitäten bis hin zum exquisiten Geschäftsessen mit Mehrgangmenü. Montag bis Samstag durchgehend warme Küche. Sonntag Ruhetag.

---

**B**

# Fusion

Fusion bietet gehobenes Ambiente und eine interessante Küche, in der westliche Elemente mit traditionell asiatischen kombiniert werden. Das Restaurant ist erst für den Abendservice geöffnet und eine Reservierung ist nicht nötig. Denn das Personal ist von Montag bis Sonntag für Sie da.

## C

### Curry

Ein multikulturelles Haus mitten in der Altstadt, das weit mehr als nur Curry zu bieten hat. Das *Curry* Team bietet höchste Qualität der thailändischen Küche mit perfektem Service in eindrucksvollem Ambiente, drinnen wie draußen.

## D

### Panda

Das Restaurant Panda ist ein Familienbetrieb, der durch seine herzliche und charmante Bedienung wie auch durch das gemütliche Ambiente besticht. Auf der Speisekarte finden Sie eine vielfältige Auswahl an Speisen aus dem Fernen Osten, insbesondere aus China, Vietnam und Japan. Dienstag bis Donnerstag 11.00 Uhr bis 21.00 Uhr, Freitag und Samstag bis 24.00 Uhr geöffnet, Montag Ruhetag.

## E

### Little Bali

Exotische Küche zum Mitnehmen. In der kleinen Küche werden in kürzester Zeit indonesische Spezialitäten gezaubert. Sitzplätze gibt es zwar keine, bei schönem Wetter stehen vor dem Laden jedoch Gartenstühle und bei jedem Wetter wird das Essen blitzschnell zum Mitnehmen eingepackt. Die Küche hat von Dienstag bis Sonntag von 11.00 Uhr bis 21.00 Uhr geöffnet.

## F

### Forelle Blau

Ein kleines Restaurant mit gemütlicher Atmosphäre, dessen Spezialität Forellen aus eigener Zucht sind. Es gibt sage und schreibe 35 verschiedene Zubereitungen von Forelle auf der Speisekarte, von klassischen über exotische bis hin zu absolut unerwarteten Zubereitungen. Sieben Tage die Woche geöffnet.

## G

### BLINDES HUHN

Ein Fest der Sinne: Gäste genießen in der Dunkelheit den Duft, den Geschmack und nicht zuletzt die Form der Köstlichkeiten, die ihnen auf der Zunge zergehen. Die Augen brauchen sie jedoch nicht dazu. Zu den Spezialitäten zählt, wie der Name vermuten lässt, Hühnchen in allen Variationen. Mittagessen: Dienstag – Freitag, 11.30 – 14.00 Uhr, Abendessen: Montag – Samstag, 18.00 – 22.00 Uhr, Reservierung erforderlich.

## H

### Helles

Ein rustikales Restaurant mit guter Hausmannskost und Biergarten vor dem Haus. Im hinteren Teil gibt es Billardtische und eine Kegelbahn. Jeden Freitag oder Samstag werden Bundesliga-Topspiele live gezeigt. Montag – Freitag, 11.00 Uhr – 1.00 Uhr, Samstag und Sonntag, 17.00 Uhr – 1.00 Uhr.

# Leseverstehen, Teil 1

## So sehen die Prüfungsseiten aus.

**Leseverstehen**
**Dauer: 15 Minuten**

### Aufgabe 1

Auf einer Buchmesse werden verschiedene neue Bücher vorgestellt.

Was glauben Sie: Für welche Bücher interessieren sich die einzelnen Personen?

Pro Person gibt es nur eine richtige Lösung. Möglicherweise gibt es aber auch eine Person, für die Sie nichts Passendes finden. Markieren Sie in diesem Fall auf dem Antwortbogen „negativ". Übertragen Sie am Ende Ihre Ergebnisse auf den Antwortbogen (1–5).

Welches der acht Bücher wäre wohl interessant für jede der folgenden Personen?

1. Secil O., eine Gymnasiastin, die sich ein Buch wünscht, in dem die Hauptpersonen in ihrem Alter sind.

2. Chris B., der sich für Phänomene der deutschen Sprache interessiert und etwa 10,00 € ausgeben will.

3. Anisa W., die ein spannendes Geschenk für ihre Mutter sucht.

4. John D., der nach einem Streit ein Geschenk für seine Freundin sucht.

5. Lena V., die ein lustiges Buch für ihren lesefaulen Mann sucht.

**Beispiele:** Welche Bücher wären von Interesse für

| | | |
|---|---|---|
| 01 | Ryan A. hat kaum Zeit zum Lesen, deshalb sucht er ein Hörbuch. | **Lösung: C** |
| 02 | Alex G., ein Naturfreund und begeisterter Wanderer, der mehr Informationen zu seinem Hobby sucht. | **Lösung: negativ** |

**A** Grausam
Lorena hat eigentlich alles, was man zum Glücklichsein braucht. Sie ist verheiratet, hat einen süßen Sohn und ist eine erfolgreiche Kriminalistin. Die Schrecken der Vergangenheit glaubt sie längst hinter sich gelassen zu haben. Als sie jedoch ein Paar verbrannter Babyschuhe auf ihrem Tisch im Büro findet, wird ihr klar, dass die Vergangenheit sie eingeholt hat und somit auch die Gräueltaten ihrer Mutter. Nur eine Reise in ihre eigene dunkle Kindheit kann die Wahrheit ans Licht bringen. Dunkelmann Verlag, 8,95 €

**B** Das kleine Dschungel-1x1
Irgendetwas ist faul … Mias Ehemann benimmt sich plötzlich merkwürdig, so ganz anders als sonst. Zeit etwas zu unternehmen! Mia beschließt, in die Offensive zu gehen und sich ebenfalls ganz anders zu verhalten. Mit viel Humor und einer gehörigen Portion Selbstironie erzählt die Autorin Sasha Traumann vom alltäglichen Beziehungs- und Ehedschungel. Kühne-Klein Taschenbuch, 8,95 €

### C  Morden auf die feine Art

Frauen sind anders und so morden sie denn auch anders. Es erstaunt nicht, dass Frauen nichts mit großen Geschossen anfangen können und mit grober Gewalt wenig im Sinn haben. Sie haben es mit Raffinesse und Intelligenz auf die Schwächen ihrer Opfer abgesehen. Auch in der Ausführung ihrer Taten beweisen Frauen großes Geschick. Mit fast liebevoller Aufmerksamkeit vermeiden sie verräterische Spuren und Fehler. Kommissare sind diesen Täterinnen oft nicht gewachsen und wäre da nicht der Zufall, würden viele von ihnen nie einen Gerichtssaal von innen sehen. Spannende Kriminalgeschichten auf zwei CDs. Der Audioverlag, 9,95 €

### D  Kommunikationsprobleme

Sie ist überzeugt, dass er sie nicht versteht. Er dagegen versteht ihr Problem gar nicht. So geht es, wenn der Karikaturist Herbert Wanner Paare zeichnet. Lustig-lockere Lektüre mit gelungenen Zeichnungen und witzigen Dialogen rund um das Thema Liebe. Besonders auch für Deutsch-Lerner geeignet. Steinemann Verlag, 14,95 €

### E  Phänomen Deutsch

Ein interessantes Buch, das Erstaunliches, Wissenswertes und Lustiges der deutschen Sprache unter die Lupe nimmt und dies auch noch auf eine amüsante Art und Weise. Verblüffende Fragen und Antworten gepaart mit Kreuzworträtseln und Denkaufgaben. Einhorn-Verlag, 14,95 €

### F  Wörter in Wanderschuhen

Nicht nur Menschen, sondern auch Wörter wandern aus. Das Buch befasst sich mit deutschen Wörtern, die von anderen Sprachen übernommen wurden. Menschen aus aller Welt haben ihre Geschichten dazu erzählt. Ein amüsantes und gleichzeitig äußerst informatives Buch – interessant nicht nur für Muttersprachler, sondern auch für alle, die schon ein bisschen besser Deutsch können. Delfin Verlag, 19,95 €

### G  Stromschnellen

Der Erstlingsroman von Hannah Ulrich fesselt den Leser von der ersten Seite an. Die Geschichte handelt von der 17-jährigen Chiara und ihren beiden Freunden, den Geschwistern Hendrik und Malte. Die drei stoßen auf ein altes Geheimnis, dessen Enträtselung viele Turbulenzen mit sich bringt. Ein packendes Buch nicht nur für junge Erwachsene. Schlossmann Buchverlag, 14,95 €

### H  Larissa und die Männer

Einen super Job, eine traumhafte Wohnung, fantastische Freunde - was braucht man mehr, um glücklich zu sein? Larissa hat eigentlich alles, was man sich wünschen kann. Was sie jedoch nicht hat, ist ein Mann. Darum macht sie sich auf die Suche nach ihrem Traummann und lässt dabei nichts unversucht. Doch schließlich stellt sie fest, dass nicht immer alles perfekt sein muss … Dieses Buch aber ist es: ein bezauberndes Bilderbuch – ein Märchen für Erwachsene, in unkomplizierter Sprache mit jeder Menge Wärme, Witz und feiner Ironie. Nilson & Nilson, 9,95 €

# Leseverstehen, Teil 1

## So sieht der Antwortbogen aus:

| Leseverstehen 1 | | | | | | | | |
|---|---|---|---|---|---|---|---|---|
| **1** A | B | C | D | E | F | G | H | negativ |
| **2** A | B | C | D | E | F | G | H | negativ |
| **3** A | B | C | D | E | F | G | H | negativ |
| **4** A | B | C | D | E | F | G | H | negativ |
| **5** A | B | C | D | E | F | G | H | negativ |

**Punkte:** ............... (max. 5)

## So geht's

**1. Bearbeitungsschritt**

### Thema erkennen

➲ Lesen Sie die Einleitung. Um welches Thema geht es?

> Auf einer Buchmesse werden verschiedene Bücher vorgestellt.

**2. Bearbeitungsschritt**

### Schlüsselwörter markieren

➲ Markieren Sie Schlüsselwörter: Wonach suchen die Personen? Was sind ihre Wünsche, Vorlieben? Suchen Sie etwas für einen bestimmten Anlass?

> **1.** Secil O., eine Gymnasiastin, die sich ein Buch wünscht, in dem die Hauptpersonen in ihrem Alter sind.
> **2.** Chris B., der sich für Phänomene der Deutschen Sprache interessiert und etwa 10,00 € ausgeben will.
> **3.** Anisa W., die ein spannendes Geschenk für ihre Mutter sucht.
> **4.** John D., der nach einem Streit ein Geschenk für seine Freundin sucht.
> **5.** Lena V., die ein lustiges Buch für ihren lesefaulen Mann sucht.

**3. Bearbeitungsschritt**

### Den richtigen Text finden

➲ Streichen Sie zuerst den Beispieltext. Lesen Sie dann die übrigen Texte schnell durch. Suchen Sie diese nach den Schlüsselwörtern der Personenbeschreibungen ab.

➲ Prüfen Sie, dass Sie nichts übersehen haben. Wenn Sie keinen passenden Text finden konnten, schreiben Sie „negativ". Übertragen Sie dann die Antworten vom Aufgabenblatt auf den Antwortbogen.

# Leseverstehen, Teil 2

## Beschreibung des Prüfungsteils

### Was bekommen Sie?

⚙ Sie erhalten:

– ein Aufgabenblatt mit fünf Multiple-Choice-Fragen und jeweils drei möglichen Antworten,
– einen mittellangen Text, z. B. einen Zeitungsartikel oder eine Passage aus einem Sachbuch.

### Was sollen Sie tun?

⚙ Sie sollen fünf Fragen die passende Antwort zuordnen, die Sie aus drei vorgegebenen Antworten auswählen müssen (= Multiple-Choice).

### Was müssen Sie können, um diese Aufgabe zu lösen?

⚙ Sie müssen:

– *selektiv* lesen können, um die Textstellen zu finden, die Sie für die Beantwortung der Fragen brauchen,
– *detailliert* lesen können, um die korrekte Antwort zu finden.

### Dauer

⚙ Die Bearbeitungszeit für das Leseverstehen, Teil 2, beträgt ca. 25 Minuten.

### Wie wird diese Aufgabe bewertet?

⚙ Sie erhalten pro Frage einen Punkt, Sie können also in diesem Prüfungsteil ein Maximum von fünf Punkten erreichen.

**Überblick Leseverstehen, Aufgabe 1**

|  | Prüfungsziele | Vorlagen | Aufgabentyp | Aufgabenzahl | Punkte |
|---|---|---|---|---|---|
| LV2 | einem Text Hauptaussagen wie auch Einzelheiten entnehmen | • längerer Text<br>• Aufgabenstellung mit Fragen | Multiple Choice | 5 | 5 |

In den folgenden Abschnitten lernen Sie, wie Sie bei der Lösung dieser Aufgabe Schritt für Schritt vorgehen können.

# Schritt für Schritt zur Lösung

## Thema des Textes erkennen

⚙ Im ersten Schritt geht es darum, das Thema des Textes schnell zu erkennen.

### So geht' s

⚙ Verschaffen Sie sich zuerst einen Überblick. Lesen Sie dazu den Titel und das Beispiel.

**Beispiel**

---

**Migräne-Auslöser**

[0]  Migränebetroffene

A  ☐  kennen die Migräneattacken auslösenden Faktoren oft nicht genau.
B  ☐  kennen oft die Auslöser von Migräneanfällen.
C  ☐  führen eine Studie zu Ursachen durch, die Migräne auslösen können.

---

**Was für einen Text erwarten Sie?**
↳ Der Text wird sich mit dem Thema Migräne befassen und mit den Faktoren, die eine Migräne auslösen können.

## Aufgabe 1

Lesen Sie den folgenden Titel mit dem dazugehörigen Beispiel. Was für einen Text erwarten Sie?

---

**Vom Kulturschock zur Elite-Uni**

Wie steht es um die Chancen von Ausländern im deutschen Bildungssystem?

A  ☐  Der Schritt von der Haupt- auf die Realschule ist gut zu schaffen.
B  ☐  Es gelingt nicht vielen, es bis ganz nach oben zu schaffen.
C  ☐  Privatschulen stehen allen offen.

---

Ihre Vermutung: ................................................................................................

## Schlüsselwörter erkennen und markieren

⚙ Im Leseverstehen, Teil 2, finden Sie fünf Fragen mit jeweils drei möglichen Antworten, angeführt von einem Beispiel. Lesen Sie zuerst die Fragen, denn die Fragen geben Ihnen Hinweise auf Informationen und Schlüsselwörter, auf die Sie beim Lesen des Textes achten sollten.

**Tipp:** Lassen Sie sich nicht entmutigen, wenn Sie in einem Text nicht alle Wörter verstehen. Konzentrieren Sie sich auf das, was Sie kennen.

## So geht's

⊙ Lesen Sie die Fragen und Antworten genau durch und unterstreichen Sie die Schlüsselwörter. Diese helfen Ihnen später, die Stellen im Lesetext zu finden, die Sie für die Beantwortung der Fragen brauchen.

⊙ Analysieren Sie hier noch nicht die Bedeutungen und Unterschiede der Antworten.

### Beispiel

Folgend finden Sie das Beispiel von oben. Die Schlüsselwörter sind bereits markiert. Überlegen Sie, ob Sie die gleichen Wörter markiert hätten.

---

**Migräne-Auslöser**

[0] Migränebetroffene

A ☐ kennen die Migräneattacken auslösenden Faktoren oft (nicht) genau.

B ☐ kennen oft die Auslöser von Migräneanfällen.

C ☐ führen eine Studie zu Ursachen durch, die Migräne auslösen können.

---

↳ Sie müssen also nach einer Textstelle suchen, bei der es um auslösende Faktoren von Migräne und um die Patienten selbst geht.

↳ Antwort C können Sie bereits hier ausschließen, da die Betroffenen sicher nicht *selbst* eine Studie zu Migräneauslösern durchführen. Es wird höchstens eine Studie *mit* ihnen durchgeführt.

## Textstellen suchen

3. Bearbeitungsschritt

Um die richtige Textstelle zu finden, ist es nicht nötig, den Text detailliert zu lesen.

## So geht's

⊙ Suchen Sie den Text *selektiv* nach den Informationen ab, die Sie benötigen. Die Schlüsselwörter, die Sie im 2. Schritt markiert haben, helfen Ihnen dabei, die Suche einzugrenzen und die relevante Textstelle zu finden.

⊙ Verlassen Sie sich jedoch nicht darauf, dass genau die gleichen Wörter wie in der Frage oder Antwort auftauchen. Oft werden diese umschrieben.

➋ Überprüfen Sie dann die Lösungen, bei denen Sie unsicher sind. Achten Sie auf die Zeit.

---

[0] Migränebetroffene

A ☐ kennen die für Migräneattacken auslösenden Faktoren oft nicht genau.

B ☐ kennen oft die Auslöser von Migräneanfällen.

C ☐ führen eine Studie zu Ursachen durch, die Migräne ablösen können.

---

## Migräne-Auslöser

Viele Menschen leiden unter Migräne. <u>Die überwiegende Zahl von Migränepatienten weiß, was einen Migräneschub auslöst oder zumindest begünstigt.</u> Einen der wichtigsten Faktoren stellt der eigene Lebenswandel dar. Dieser ist somit auch eine Chance, das Migränerisiko des Einzelnen zu verringern.

In einer Studie haben sich Wissenschaftler nun mit den individuellen Auslösern befasst. Dazu befragten sie Betroffene nach ihren persönlichen Triggerfaktoren. Viele der Befragten konnten gleich mehrere Migräneauslöser aufzählen.

◉ Wie lautet nun die richtige Lösung?

A   Falsch, genau das Gegenteil ist der Fall.

B   Richtig, „Die *überwiegende* Zahl von Migräne*patienten weiß,* …"

C   Falsch, es wird zwar eine Studie durchgeführt, aber *von Wissenschaftlern,* nicht von Betroffenen.

## Aufgabe 2

◉ Nun finden Sie noch einmal Frage und Antworten zum Text „Vom Kulturschock zur Elite-Uni" und den dazugehörigen Textauszug. Markieren Sie Schlüsselwörter und die relevante Textstelle.

Wie steht es um die Chancen von Ausländern im deutschen Bildungssystem?

A   ☐   Der Schritt von der Haupt- auf die Realschule ist gut zu schaffen.

B   ☒   Es gelingt nicht vielen, es bis ganz nach oben zu schaffen.

C   ☐   Privatschulen stehen allen offen.

## Vom Kulturschock zur Elite-Uni

Als Mohamed vor gut zehn Jahren nach Deutschland kam, sprach er kein einziges Wort Deutsch. Es galt nicht nur, sich an eine Kultur und Sprache zu gewöhnen, auch die erste Zeit in der Schule war mehr als nur gewöhnungsbedürftig.

Mit viel Fleiß und eisernem Willen schaffte Mohamed den Sprung von der Haupt- und Realschule aufs Gymnasium, das er vergangenes Jahr mit einem Abiturdurchschnitt von 1,3 verließ. Heute studiert der inzwischen 22-Jährige mit einem Vollstipendium Ökonomie an einer der renommiertesten privaten Hochschulen Deutschlands. Er gehört damit zu den wenigen Ausländerkindern, die im deutschen Bildungswesen den Aufstieg von ganz unten nach ganz oben geschafft haben.

◉ Vergleichen Sie nun die Textstelle mit den drei Antworten: Für welche Antwort haben Sie sich entschieden? Begründen Sie Ihre Antwort und vergleichen Sie diese mit dem Lösungsschlüssel.

**4. Bearbeitungsschritt**

### Antwort markieren und übertragen

⚙ Markieren Sie schließlich die richtige Antwort. Sie können dabei die Lösung entweder gleich auf den Antwortbogen übertragen oder erst nachdem Sie diesen Teil (oder auch das gesamte Leseverstehen) gelöst haben. Lassen Sie sich genug Zeit, damit nichts verloren geht. Kontrollieren Sie Ihre Lösungen, denn es wird nur bewertet, was auf dem Antwortbogen steht.

# So sehen die Prüfungsseiten aus.

**Leseverstehen**
**Dauer: 25 Minuten**

## Aufgabe 2

Lesen Sie den folgenden Text.

Entscheiden Sie, welche Antwort (A, B oder C) passt. Es ist jeweils nur eine der Lösungen richtig.

Übertragen Sie Ihre Ergebnisse anschließend auf den Antwortbogen (6–10).

**Beispiel:**

**[0] Wie entwickelt sich die finanzielle Situation vieler Kinder in Deutschland?**

A ☐ Die Familien können sich die Schulen nicht mehr leisten.
B ☐ Vielen Kindern fehlt es an elementaren Dingen.
C ☐ Die Kinder sind auf Schulausflügen eingeschränkt.

**Lösung: B** (→ 2./3. Satz, Zeile 1–3)

**6. Wie schätzen viele dieser Kinder ihre eigene Zukunft ein?**

A ☐ Sie wollen eine qualifizierte Arbeit finden.
B ☒ Sie glauben, dass sie es nicht schaffen werden, ihre Situation zu verbessern.
C ☐ Sie hoffen auf eine bessere Zukunft.

**7. Wann gilt man als objektiv arm?**

A ☒ Wenn man mit weniger zurechtkommen muss als der Durchschnittsbürger.
B ☐ Wenn die Familien keine Perspektive mehr haben.
C ☐ Wenn es an materiellen Gütern fehlt.

**8. Was ist eine Ursache der Armut in Deutschland?**

A ☐ Vor allem Alleinerziehende haben Schwierigkeiten, Arbeit und Familie zu koordinieren.
B ☒ Viele haben keine Arbeit.
C ☐ Die Betroffenen wollen nicht wirklich arbeiten.

**9. Was ist eine Auswirkung dieser Situation?**

A ☐ Die Eltern verlassen sich auf die Familie.
B ☒ Die Kinder ziehen sich zurück.
C ☐ Die Eltern wissen nicht mehr, wie sie mit ihren Kindern umgehen sollen.

**10. Wie schneidet Deutschland im Ländervergleich ab?**

A ☐ Dänemark gibt weniger Geld für Familien aus.
B ☐ In anderen Ländern gibt es mehr junge Familien.
C ☒ Andere Staaten investieren mehr in konkrete Unterstützung.

# Reiches Deutschland, arme Kinder

In Deutschland gibt es einen erschreckenden Trend: Es werden immer weniger Kinder geboren und immer mehr Kinder gelten als arm. Jedes sechste deutsche Kind unter 15 Jahren lebt in Armut. Viele von ihnen kommen ohne Frühstück in die Schule und können sich keine Ausflüge leisten. Und viele Kinder haben wenig Hoffnung auf eine bessere Zukunft: Etwa ein Drittel der
5   15-Jährigen geht schon jetzt davon aus, später keine qualifizierte Arbeit zu finden. Das ist ein Ergebnis der neuesten Studie der UNICEF, des Kinderhilfswerks der Vereinten Nationen.

Über die Definition von Armut gibt es in Deutschland seit Jahren Streit. Als arm gilt, wer mit 60 Prozent des mittleren Einkommens zurechtkommen muss. Armut ist also relativ, sie bemisst sich am Wohlstand einer Gesellschaft, und der ist über die Jahrzehnte gewachsen. Deshalb
10   waren zum Beispiel in den 60er Jahren viele Kinder auch aus Durchschnittsfamilien rein materiell ärmer als viele Kinder heute. Doch Armut ist auch subjektiv, sie bemisst sich an dem, was die anderen haben. Und sie bemisst sich an den Perspektiven der Familien und an der Fürsorge, die Kinder empfangen. Da geht es vielen Kindern heute schlechter als früher.

Für Armut gibt es in Deutschland zwei Hauptursachen: Arbeitslosigkeit und viele Kinder.
15   Betroffen sind Familien und Alleinerziehende, die den Spagat zwischen Arbeit und Kind nicht schaffen. „Das ist ganz schlimm, wenn du dir nichts leisten kannst und immer nur zugucken musst", sagt der 14-jährige Mathias aus Opladen, der bei seiner Mutter lebt. Er spricht für viele. Auch wenn die Eltern eine Arbeit haben, reicht das Geld oft nicht mehr.

Arme Eltern geraten zunehmend ins Abseits. Viele Kinder verlassen die Wohnung nur noch, um
20   in die Schule zu gehen. „Es wäre so einfach, etwas zu ändern", sagt der Berliner Familiensoziologe Hans Bertram. „Wir gehen immer davon aus, dass es eine Familie allein schaffen muss, ihre Kinder großzuziehen. Das ist falsch: Früher halfen Nachbarn und Verwandte mit. Heute nicht mehr." Nur in Deutschland, sagt der Professor, glaube man, Kindererziehung sei „privates Glück der Eltern". Nach Berechnungen der UNICEF investieren Länder wie Dänemark doppelt so
25   viel Geld in die Kinder wie Deutschland: in Bildung, Erziehungshilfen, Elternunterstützung. „Wir wollen immer Weltspitze sein, aber dafür kein Geld in die Hand nehmen", sagt Bertram. „In Skandinavien erhalten Erzieher das Gehalt eines Facharbeiters, in den Klassen kümmern sich zwei Lehrer, die Franzosen zahlen ein großzügiges Betreuungsgeld. In Großbritannien bekommen junge Eltern einen Start-Kredit vom Staat."

## So sieht der Antwortbogen aus:

| Leseverstehen 2 | | |
|---|---|---|
| **6** A | B | C |
| **7** A | B | C |
| **8** A | B | C |
| **9** A | B | C |
| **10** A | B | C |

**Punkte:** ................. (max. 5)

## So geht`s

### Thema erkennen

1. Bearbeitungsschritt

➡ Lesen Sie Titel und Beispiel:

## Reiches Deutschland, arme Kinder

**[0] Wie entwickelt sich die finanzielle Situation vieler Kinder in Deutschland?**

A ☐ Die Familien können sich die Schulen nicht mehr leisten.
B ☒ Vielen Kindern fehlt es an elementaren Dingen.
C ☐ Die Kinder sind auf Schulausflügen eingeschränkt.

Thema des Textes: ..............................................................................................

### Schlüsselwörter erkennen und markieren

2. Bearbeitungsschritt

➡ Lesen Sie sich die Fragen und Antworten sorgfältig durch.

Unterstreichen Sie dabei Schlüsselwörter, um sich anschließend beim Lesen des Textes an diesen Wörtern orientieren zu können.

### Die richtige Textstelle finden

3. Bearbeitungsschritt

➡ Lesen Sie nun den Text, aber nicht jedes Wort. Behalten Sie dabei die Fragen im Auge.

⚙ Lesen Sie zu Beginn gleich die ersten beiden Fragen, denn die zweite Frage hilft Ihnen, die Textstelle einzugrenzen.

### Antworten auf den Antwortbogen übertragen

4. Bearbeitungsschritt

Übertragen Sie anschließend die Lösungen auf den Antwortbogen. Kontrollieren Sie, dass Sie nichts vergessen haben.

Sollten Sie bei einer Aufgabe nicht sicher sein, entscheiden Sie sich für die Lösung, die Ihnen am wahrscheinlichsten erscheint.

# Leseverstehen, Teil 3

## Beschreibung des Prüfungsteils

### Was bekommen Sie?

Sie erhalten:

– ein Aufgabenblatt mit fünf Fragen,
– einen Text, z. B. eine Stellungnahme oder einen Kommentar.

### Was sollen Sie tun?

Sie sollen für jede Frage entscheiden, ob der Autor des Textes diese positiv oder negativ / skeptisch bewertet.

### Hinweise zum Lösen der Aufgabe

Sie müssen in diesem Prüfungsteil verschiedene Lesetechniken beherrschen:

| Globales Lesen | Selektives Lesen | Totales Lesen |
|---|---|---|
| Überfliegen Sie den Text, um herauszufinden, worum es geht. | Sie lesen den Text nicht in allen Einzelheiten, sondern suchen gezielt nach den Textstellen, die Sie zur Beantwortung der Frage benötigen. | Um die Meinung des Autors herauszufinden, müssen Sie den relevanten Textabschnitt sehr genau lesen. |

### Dauer

Die Bearbeitungszeit für das Leseverstehen, Teil 3, beträgt ca. 25 Minuten.

### Wie wird diese Aufgabe bewertet?

Sie erhalten pro Aufgabe einen Punkt, Sie können also in diesem Prüfungsteil ein Maximum von fünf Punkten erreichen.

#### Überblick Leseverstehen, Aufgabe 3

| | Prüfungsziele | Vorlagen | Aufgabentyp | Aufgaben-zahl | Punkte |
|---|---|---|---|---|---|
| LV 3 | Meinungen oder Standpunkte in einem Text erkennen | • Text<br>• Aufgabenstellung mit fünf Fragen | Alternativantwort (positiv – negativ / skeptisch) | 5 | 5 |

In den folgenden Abschnitten lernen Sie, wie Sie bei der Lösung dieser Aufgabe Schritt für Schritt vorgehen können.

# Schritt für Schritt zur Lösung

## Thema des Textes erkennen

1. Bearbeitungsschritt

⚙ Lesen Sie den Text zunächst schnell durch, um einen Überblick zu bekommen. Mehr als drei bis vier Minuten sollten Sie dafür nicht benötigen.

### So geht's

⚙ Überfliegen Sie den Text, achten Sie dabei besonders auf den Titel und das Beispiel. Lassen diese bereits eine Richtung erkennen?

### Beispiel

Lesen Sie den folgenden Titel und das Beispiel mit der dazugehörigen Lösung.

## Sozialer Fortschritt nur durch mehr Bildung

Hurra! Die deutschen Schüler sind nicht mehr ganz so schlecht wie noch zu Beginn des Jahrtausends.

> Wie schätzt der Autor den aktuellen Bildungsstand deutscher Schüler im Vergleich zu früher ein.
> **Lösung:** A

↳ Dieser Titel lässt auf eine positive Einstellung schließen, denn es geht um *Fortschritt*, um *mehr* Bildung.
↳ Die positive Meinung wird durch die Wörter *Fortschritt, mehr, Hurra!* und *nicht mehr so schlecht* ausgedrückt.
↳ Auch das Beispiel bekräftigt diese positive Richtung.

⚙ *Hurra!* deutet aber auch auf einen ironischen Standpunkt des Autors hin.

## Fragen lesen und relevante Textstellen dazu finden

2. Bearbeitungsschritt

⚙ Nun sollten Sie die Fragen genau durchlesen und Schlüsselbegriffe unterstreichen. Suchen Sie dann im Text die Stellen, die Ihnen bei der Beantwortung der Fragen helfen. Orientieren Sie sich dabei an den Schlüsselwörtern der Fragen.

### So geht's

⚙ Jetzt müssen Sie den Text *selektiv* lesen, d.h., Sie müssen nur die Stellen finden, die für die Beantwortung der Fragen hilfreich sind.

⚙ Am besten lesen Sie zwei Fragen: So können Sie im Text genau bestimmen, wo die Antwort zur ersten Frage steht und wo die Antwort zur folgenden Frage beginnt. Die Fragen folgen dem Textaufbau, sind also chronologisch.

# Leseverstehen, Teil 3

**Tipps und Tricks**

In den Fragen werden häufig Nomen an Stelle von Verben verwendet. Suchen Sie deshalb im Text nach Verben, die zu den Nomen in der Fragestellung passen. Manchmal finden Sie aber auch Umschreibungen.

**Beispiel:**

| Frage | Text | Prozess |
|---|---|---|
| der Einsatz der Eltern | – die Eltern setzten sich ein | Verbalisierung |
| | – die Eltern kümmerten sich um | Synonym |
| die Weigerung der Schüler | – die Schüler weigerten sich | Verbalisierung |
| das Inkrafttreten der Regelung | – die Regelung tritt in Kraft | Verbalisierung |
| | – die Regelung wurde beschlossen | Umschreibung |

**Aufgabe 1**

➲ Lesen Sie nun die folgenden Fragen. Unterstreichen Sie dabei die Schlüsselwörter.

> Wie beurteilt der Autor …
>
> **11.** den Einsatz der Eltern?
>
> **12.** die Rolle der Politiker?
>
> **13.** die Situation der ausländischen Kinder?
>
> **14.** die Verantwortung des Staates für den großen Bildungsunterschied zwischen Migrantenkindern und einheimischen Kindern?
>
> **15.** die Chance, im Bildungssystem etwas zu bewegen?

➲ Suchen Sie nun die entsprechenden Textstellen im Text.
Markieren Sie diese und schreiben Sie die entsprechende Aufgabennummer an den Rand des Textes.

## Sozialer Fortschritt nur durch mehr Bildung

Hurra! Die deutschen Schüler sind nicht mehr ganz so schlecht wie noch zu Beginn des Jahrtausends. Herzlichen Glückwunsch – liebe Eltern! Denn Sie – und nur Sie – haben das erreicht. Sie kümmerten sich intensiver um Ihre Kinder und legten bei Ihrer Unterstützungsarbeit eine Schippe drauf. Von dem Lob ausnehmen müssen wir ganz ausdrücklich jene, die sich in den vergangenen Tagen so ausgiebig selbst gefeiert haben: die Bildungsminister und –senatoren aller Parteien. Die Politiker haben in den vergangenen Jahren viel geredet und sich mit schicken Modellprojekten geschmückt. Doch das fundamentale Problem der Bildung in Deutschland haben sie bislang nicht ansatzweise angepackt.

Ungerechtigkeit bleibt das Markenzeichen des deutschen Bildungssystems. Für den Lernerfolg von Kindergartenkindern, von Schülern und auch von Studenten ist in Deutschland noch immer das Elternhaus entscheidend. Zu diesem Ergebnis kommt auch die allerneuste Pisa-Studie. Die gebildeten Eltern sorgen dafür, dass ihre Kinder lernen. Sie gleichen die Defizite der Schulen durch Engagement aus. Auf diese Weise haben sie für die weniger schlechten Pisa-Ergebnisse gesorgt. Eltern jedoch, die selbst mit dem Lernen Schwierigkeiten haben, sind dazu nicht in der Lage. Am schwersten fällt das Einwanderern. In keinem anderen Land produziert die Schule einen so großen Abstand zwischen Kindern von Migranten und von Einheimischen. Für die Guten läuft es also gut an der deutschen Schule. Doch wer Hilfe braucht, der bekommt sie nicht.

Die Gelegenheit, das Bildungssystem gründlich umzubauen, ist so günstig wie nie: Die Koalition ist nahezu beschäftigungslos, denn bis zur Wahl hat sie sich keine nennenswerten Reformziele mehr gesetzt. Zudem gibt es gegen größere Investitionen in die Bildung keinerlei Opposition. Und der Finanzminister berichtet von steigenden Einnahmen. Besser kann man die Konstellation nicht erfinden für den großen Aufbruch: mehr Bildung wagen!

Haben Sie die Textstellen markiert? Vergleichen Sie Ihre Ergebnisse mit dem Lösungsschlüssel.

## Die Meinung des Autors erkennen

3. Bearbeitungsschritt

Jetzt müssen Sie die Textstellen genau, ja sogar genauestens lesen (= totales Lesen). Sie sollen die Meinung des Autors herausfinden und diese in der Antwort folgendermaßen markieren:

Antwort A = der Autor hat eine positive Meinung
Antwort B = der Autor hat eine negative Meinung bzw. ist skeptisch

**Tipp:** Nicht Ihre Meinung zählt, sondern die des Autors. Achten Sie also auf die genaue Aussage des Verfassers.

## So geht's

Die Meinung des Autors verbirgt sich oft hinter einzelnen Wörtern. Achten Sie besonders auf:

| Wörter und Wortteile, die werten, Modalwörter | gut, *ideal*erweise, schwierig, schlecht, vielleicht, *möglich*erweise, wahrscheinlich, gewiss, sicher, leider, *glücklich*erweise |
|---|---|
| Negationsformen | nicht, kein, niemand, nirgends |
| Vorsilben und Nachsilben | |
| – mit negativer Bedeutung | *miss*achten, *un*nötig, *über*arbeitet, sinn*los* |
| – mit positiver Bedeutung | lohnens*wert*, arbeits*frei* |
| Modalverben | müssen, sollen |
| Komparative | besser, günstiger |
| Superlative | am sinnvollsten, am besten |
| einschränkende Partikeln | nur, bloß, durchaus, kaum, fast |
| verstärkende Partikeln | sehr, gar, überhaupt, ganz, ja |
| idiomatische Wendungen | Gott sei Dank!, zum Teufel mit, lange genug |

# Leseverstehen, Teil 3

## Aufgabe 2

Lesen Sie die folgenden Aussagen und suchen Sie nach Wörtern, die positiv oder negativ besetzt sind. Bewerten Sie dann den gesamten Satz. Achtung: Ein positives Wort ist nicht immer gleichbedeutend mit einer positiven Meinung!

| | Positive Bedeutung | Negative Bedeutung | + / − |
|---|---|---|---|
| Die Ergebnisse der Verhandlungen waren beeindruckend. | *beeindruckend* | | + |
| Die Bewertungen waren weniger beeindruckend. | | | |
| Die Ergebnisse der Verhandlungen mögen auf den ersten Blick beeindrucken. Betrachtet man sie jedoch genauer … | | | |
| Um den reibungslosen Ablauf der Festlichkeiten zu garantieren, war die detaillierte Planung lediglich ein guter Anfang. | | | |
| Im Falle eines Feuers ist schnelles Handeln oft entscheidend. | | | |
| Im Falle eines Autokaufs ist allein das Äußere oft weniger entscheidend. | | | |

## Aufgabe 3

➔ Jetzt sollen Sie in unserer Beispielaufgabe die Meinung des Autors herausfinden:

- Lesen Sie dazu noch einmal die Fragen und die dazugehörigen Stellen im Text.
- Suchen Sie nach positiv oder negativ / skeptisch zu wertenden Ausdrücken und Formulierungen.
- Tragen Sie diese Wörter in die Tabelle ein.
- Bewerten Sie dann die Aussage.

| Frage | Schlüsselwörter | Lösung |
|---|---|---|
| Wie beurteilt der Autor den aktuellen Bildungsstand deutscher Schüler im Vergleich zu früher? | *nicht mehr* ganz so *schlecht* wie noch *zu Beginn* des Jahrtausends | A |
| **11.** den Einsatz der Eltern? | | |
| **12.** die Rolle der Politiker? | | |
| **13.** die Situation der ausländischen Kinder? | | |
| **14.** die Rolle des Staates bei der Kluft im Bildungsstand zwischen Migrantenkindern und einheimischen Kindern? | | |
| **15.** die Chance, im Bildungssystem etwas zu bewegen? | | |

# So sehen die Prüfungsseiten aus.

**Leseverstehen**
**Dauer: 25 Minuten**

## Aufgabe 3

Lesen Sie den Text auf der gegenüberliegenden Seite.

Wie beurteilt der Autor des Textes folgende Fragen:

    **A positiv**

oder

    **B negativ** bzw. **skeptisch**.

Übertragen Sie Ihre Lösungen am Ende auf den Antwortbogen (11–15).

| **Beispiel:** | **Lösung:** |
|---|---|
| [01] Wie beurteilt der Autor die allgemeine Belastbarkeit von Frauen? | A |

Wie beurteilt der Autor …

| | |
|---|---|
| 11. das Zurechtkommen der Männer mit den Anforderungen im heutigen Alltag? | B |
| 12. die klassische Rollenverteilung aus Sicht des Mannes? | |
| 13. den Umgang der Frauen mit psychischen Problemen? | A |
| 14. die männlichen Kompensationsstrategien bei psychischen Problemen? | B |
| 15. die Selbstmordrate beim starken Geschlecht? | B |

## Männer kommen schlechter klar

**Gesellschaftliche Veränderungen und Belastung durch Stress machen Männern mehr zu schaffen als Frauen, denen ihr soziales Netzwerk in Krisen hilft.**

Wenn es nach den Männern ginge, wäre den meisten von ihnen ein Leben wie vor 30, 40 Jahren genehm: klare Rollenverteilung zwischen den Geschlechtern, hohe Sicherheit im Beruf
5  und in der Lebensplanung – eine überschaubare Welt. Mit den Anforderungen der modernen Gesellschaft kommen sie nicht besonders gut zurecht, zumindest tun sie sich mit der Anpassung an neue Verhältnisse und Belastungen wesentlich schwerer als Frauen. Das stellt die Fachzeitschrift „Psychiatrische Praxis" in einem Bericht über das männliche Gesundheitsverhalten fest, wie die Nachrichtenagentur AP berichtet.

10  **Männer verstecken psychische Probleme**

So sind Männer und Frauen zum Beispiel gleich häufig depressiv. Doch vor allem das schwache Geschlecht lässt sich dagegen behandeln. Frauen bekommen wesentlich häufiger eine psychische Störung diagnostiziert und nehmen doppelt so viele Psychopharmaka wie Männer. Diese versuchen ihre seelische Angeschlagenheit eher zu verdecken und zu kompensieren. Das mündet
15  häufig in Alkoholismus, Drogenabhängigkeit oder Aggressivität. Störung der Impulskontrolle nennen Psychologen das. Frauen haben dagegen die Fähigkeit, während Krisen und Zeiten des Umbruchs soziale Netzwerke aufrechtzuerhalten und sich neue Lebensinhalte zu schaffen, heißt es in der „Psychiatrischen Praxis".

**70 Prozent aller Selbstmörder sind Männer**

20  Die Sterblichkeit von Männern steht oft mit Gewalttätigkeit, Risikoverhalten sowie einer höheren Rate an Krebs und stressbedingten Zuständen in Zusammenhang, etwa Durchblutungsstörungen des Herzens und des Gehirns. Dazu passt auch eine Zahl des Statistischen Bundesamts für 2006. In diesem Jahr nahmen sich 9765 Menschen in Deutschland das Leben – 70 Prozent davon waren Männer.

25  Die Autoren schließen aus ihrer Erhebung, dass ein weiterer gesellschaftlicher Wandel nötig sei: ein Prozess, der gesundheitsbewusstes Verhalten von Männern positiv mit sozialem Status und Karriere verknüpft.

## So sieht der Antwortbogen aus:

| Leseverstehen 3 | | |
|---|---|---|
| 11 | A | B |
| 12 | A | B |
| 13 | A | B |
| 14 | A | B |
| 15 | A | B |

**Punkte:** ................... (max. 5)

## So geht's

### Einen Überblick gewinnen

1. Bearbeitungsschritt

➡ Überfliegen Sie den Text und verschaffen Sie sich einen groben Überblick.

➡ Lesen Sie den Titel und das Beispiel. Können Sie bereits eine Tendenz erkennen?

> Männer kommen schlechter klar
>
> **Beispiel:**
>
> [0] Wie beurteilt der Autor die allgemeine Belastbarkeit von Frauen?
>
> **Lösung: A**

### Fragen lesen und die relevanten Textstellen finden

2. Bearbeitungsschritt

➡ Lesen Sie nun die ersten zwei Fragen. Suchen Sie anschließend die Textstelle, welche die Lösung für die erste Frage enthält. Die zweite Frage hilft Ihnen, diese Stelle im Text besser abzugrenzen.

### Die Meinung des Autors erkennen

3. Bearbeitungsschritt

➡ Lesen Sie die relevante Textpassage genau durch und unterstreichen Sie Schlüsselwörter. Tragen Sie diese anschließend in die Tabelle ein und bewerten Sie die Aussage.

➡ Lesen Sie dann die nächste Frage und verfahren Sie nach dem gleichen Muster, finden Sie die Textstelle, bewerten Sie die Meinung, wenden Sie sich dann der nächsten Frage zu.

| Frage | Schlüsselwörter + / – | Lösung |
|---|---|---|
| Wie beurteilt der Autor | | |
| 11. das Zurechtkommen der Männer mit den Anforderungen im heutigen Alltag? | | |
| 12. die klassische Rollenverteilung aus Sicht des Mannes? | | |
| 13. den Umgang der Frauen mit psychischen Problemen? | | |
| 14. die männlichen Kompensationsstrategien bei psychischen Problemen? | | |
| 15. Die Selbstmordrate beim starken Geschlecht? | | |

### Antworten auf den Antwortbogen übertragen

4. Bearbeitungsschritt

➡ Prüfen Sie beim Übertragen, dass Sie nichts vergessen oder übersehen haben.

Sollten Sie zu einer Frage keine Lösung finden, entscheiden Sie sich für die Antwort, die Ihnen am logischsten erscheint. Lassen Sie jedoch keine Frage unbeantwortet!

# Leseverstehen, Teil 4

## Beschreibung des Prüfungsteils

### Was bekommen Sie?

Sie erhalten ein Aufgabenblatt mit einem Text, bei dem der rechte Rand fehlt.

### Was sollen Sie tun?

Sie sollen für jedes Wort, das am rechten Rand fehlt, die richtige Ergänzung finden. Es gibt insgesamt zehn Lücken.

### Was müssen Sie können, um diese Aufgabe zu lösen?

Sie müssen den Text semantisch und grammatisch rekonstruieren können.

### Dauer

Die Bearbeitungszeit für das Leseverstehen, Teil 4, beträgt ca. 15 Minuten.

### Wie wird diese Aufgabe bewertet?

Sie erhalten pro Aufgabe einen Punkt. Sie können also in diesem Prüfungsteil ein Maximum von zehn Punkten erreichen.

#### Überblick Leseverstehen, Aufgabe 4

| | Prüfungsziele | Vorlagen | Aufgaben-typ | Aufgaben-zahl | Punkte |
|---|---|---|---|---|---|
| LV 4 | Text grammatisch und semantisch korrekt ergänzen | • kurzer Text, bei dem der rechte Rand fehlt | Lückentext | 10 | 10 |

In den folgenden Abschnitten lernen Sie, wie Sie bei der Lösung dieser Aufgabe Schritt für Schritt vorgehen können.

## Schritt für Schritt zur Lösung

Bei der letzten Aufgabe zum Leseverstehen handelt es sich nicht um ein Leseverstehen im klassischen Sinne, sondern um eine Grammatikübung, einen sogenannten Cloze-Test. Sie erhalten dabei einen kürzeren Text, bei dem am rechten Rand Wörter fehlen.

**1. Bearbeitungsschritt**

### Diagnose

Zuerst müssen Sie herausfinden, welche Wortart fehlt. Achten Sie beim Ergänzen auf Sinn und Grammatik, denn die Lösung ist nur richtig, wenn die Sätze korrekt ergänzt werden.

## So geht's

Überlegen Sie sich genau, was fehlt. Es kann sich hier um Verben, Nomen, Adjektive, aber auch um Pronomen, Artikel, Präpositionen oder Adverbien, also um *alle* Wortarten handeln. Es fehlt immer nur *ein* Wort.

### Beispiel

Lesen Sie den folgenden Textauszug und analysieren Sie, welche Wortart in die Lücke gehört.

> **Teen Talk**
>
> Ein Fragezeichen reiht sich an das nächste. Die ......     **01** ...................
>
> Erwachsenen verstehen nur Bahnhof, ......     **02** ...................
>
> sich Jugendliche unterhalten.

↳ Bei der Lücke 01 erkennen Sie wahrscheinlich auf den ersten Blick, dass zwischen einem Artikel und einem Nomen im Deutschen nur ein Adjektiv stehen kann, da nur ein Wort fehlt.
↳ Bei Lücke 02 haben Sie eine Hauptsatz-Nebensatz-Konstruktion, wobei hier die Konjunktion fehlt, die den Nebensatz einleitet.

## Aufgabe 1

Lesen Sie nun den Rest des Textes und bestimmen Sie die fehlenden Wortarten. Tragen Sie diese dann in die linke Spalte unter *Wortart* in die Tabelle ein. Die korrekte Form müssen Sie noch nicht ergänzen. Dies geschieht in einem weiteren Schritt.

## Teen Talk

| | |
|---|---|
| Ein Fragezeichen reiht sich an das nächste. Die | **01** meisten |
| Erwachsenen verstehen nur Bahnhof, | **02** wenn |
| sich Jugendliche unterhalten. Dabei | **1** muss |
| man noch nicht einmal | **2** zum |
| alten Eisen gehören, es reicht schon, nicht mehr | **3** in |
| die Schule zu gehen. Denn | **4** |
| den Schulhöfen entsteht | **5** die |
| Jugendsprache und dort lernt man | **6** sie |
| auch. Dieser spezielle Slang der Teenager | **7** |
| stetigen Veränderungen unterworfen, ständig | **8** |
| eigenartige Wortkreationen und wilde Schöpfungen hinzu. | |
| Die, die sich in Sachen Jugendsprache auf | **9** den |
| neuesten Stand bringen wollen, sind spezielle Wörterbücher | **10** im |
| Handel erhältlich. | |

| | Wortart |
|---|---|
| **01** | *Adjektiv* |
| **02** | *Konjunktion* |
| **1** | |
| **2** | |
| **3** | |
| **4** | |
| **5** | |
| **6** | |
| **7** | |
| **8** | |
| **9** | |
| **10** | |

**2. Bearbeitungsschritt**

## Lücke ergänzen

Sie kennen nun die Wortart. Jetzt müssen Sie die korrekte Form finden und einsetzen. Schauen Sie sich dazu die Umgebung des fehlenden Wortes genau an.

**Darauf sollten Sie achten:**

| Verb | Tempus<br>Aktiv / Passiv<br>Nomen-Verb-Verbindung<br>Modalverb<br>Hilfsverb |
|---|---|
| **Nomen** | Singular / Plural<br>Nomen-Verb-Verbindung<br>Kasus |

| Präposition | Verb + Präposition<br>Nomen + Präposition |
|---|---|
| **Konjunktion** | Art des Nebensatzes |
| **Adjektiv** | Positiv<br>Komparativ<br>Superlativ<br>Endung |

**Beispiel**

Lesen Sie dazu noch einmal das Beispiel von oben und überlegen Sie sich nun, welches Wort in die Lücke passt und wie die korrekte Form lautet.

---

### Teen Talk

Ein Fragezeichen reiht sich an das nächste. <u>Die</u>      **01** ................

<u>Erwachsenen</u> verstehen nur Bahnhof,      **02** ................

sich Jugendliche <u>unterhalten</u>.

---

↳ **01** Adjektiv: Zwischen einem Artikel und einem Nomen steht in der Regel ein Adjektiv. Der Kontext lässt zudem darauf schließen, dass die Bedeutung „viele Erwachsene" sein muss. → *meisten*

↳ **02** Konjunktion: Das Verb steht am Schluss, es handelt sich um einen temporalen Nebensatz, der eine sich wiederholende Handlung ausdrückt: *Immer wenn die Jugendlichen … , dann verstehen die Erwachsenen …* → *wenn*

## Aufgabe 2

Lesen Sie nun noch einmal den Rest des Textes, analysieren Sie die Umgebung der zu
ergänzenden Wörter und unterstreichen Sie die Wörter, die Ihnen bei der Lösungs-
findung helfen. Tragen Sie dann die Lösung in die rechte Spalte der Tabelle auf Seite X
ein.

### Teen Talk

| | | |
|---|---|---|
| Ein Fragezeichen reiht sich an das nächste. Die | 01 | *meisten* |
| Erwachsenen verstehen nur Bahnhof, | 02 | *wenn* |
| sich Jugendliche unterhalten. Dabei | 1 | |
| man noch nicht einmal | 2 | |
| alten Eisen gehören, es reicht schon, nicht mehr | 3 | |
| die Schule zu gehen. Denn | 4 | |
| den Schulhöfen entsteht | 5 | |
| Jugendsprache und dort lernt man | 6 | |
| auch. Dieser spezielle Slang der Teenager | 7 | |
| stetigen Veränderungen unterworfen, ständig | 8 | |
| eigenartige Wortkreationen und wilde Schöpfungen hinzu. | | |
| Die, die sich in Sachen Jugendsprache auf | 9 | |
| neuesten Stand bringen wollen, sind spezielle Wörterbücher | 10 | |
| Handel erhältlich. | | |

# Leseverstehen, Teil 4

## So sehen die Prüfungsseiten aus

**Leseverstehen**
**Dauer: 15 Minuten**

### Aufgabe 4

Der rechte Rand des Textes ist unleserlich. Es fehlt jeweils ein Wort. Bitte ergänzen Sie die Lücke mit einem passenden Wort.

Übertragen Sie am Ende die Ergebnisse auf den Antwortbogen (16 – 25).

## Kultbrunnen oder Müllschlucker

| | | |
|---|---|---|
| Für jeden Rom-Besucher gehört | **01** | *der* |
| im Zentrum der italienischen Hauptstadt gelegene Trevi-Brunnen | **02** | *zum* |
| touristischen Pflichtprogramm. | **16** | |
| Fellinis Film „La Dolce Vita" genießt der Brunnen Kultstatus. Mit dem Rücken | **17** | |
| Brunnen reihen sich seine täglichen Besucher dicht aneinander, | **18** | |
| eine Münze über die Schulter in den bekannten Brunnen | **19** | |
| werfen. Dies, so besagt es ein alter Brauch, | **20** | |
| Glück bringen. Was man sich dabei wünscht, soll | **21** | |
| Erfüllung gehen. Leider bleibt es oft jedoch nicht nur | **22** | |
| Münzen, die in den Brunnen geworfen | **23** | , |
| denn auf dessen Grund finden die Putzmannschaften | **24** | |
| ihren regelmäßigen Einsätzen | **25** | |
| anderem auch Telefonkarten und sogar Zahnprothesen. | | |

# So sieht der Antwortbogen aus:

| Leseverstehen 4 |
|---|
| 16 ........................................................................... |
| 17 ........................................................................... |
| 18 ........................................................................... |
| 19 ........................................................................... |
| 20 ........................................................................... |
| 21 ........................................................................... |
| 22 ........................................................................... |
| 23 ..................................................................... , |
| 24 ........................................................................... |
| 25 ........................................................................... |

**Punkte:** ..................... (max. 10)

## So geht's

### Diagnose

1. Bearbeitungsschritt

Lesen Sie sich den Satz sorgfältig durch und überlegen Sie sich, welche Wortart fehlt.

### Lücken ergänzen

2. Bearbeitungsschritt

Um die richtige Form bilden zu können, analysieren Sie nun die Umgebung des Wortes. Unterstreichen Sie die Wörter, die Ihnen bei der Bildung der richtigen Form und der Auswahl des richtigen Wortes helfen. Überlegen Sie sich genau, um welche grammatische Form es sich handeln muss.

| | Diagnose | Analyse | Lösung |
|---|---|---|---|
| 16 | Präposition | temporal, benennt den Zeitpunkt, seit dem der Brunnen Kultstatus hat | seit |
| 17 | Präposition | lokal mit dem Rücken zu etwas | zum |
| 18 | Konjunktion | Verb am Ende, zudem im Infinitiv, final | um |
| 19 | | | |
| 20 | | | |

# Leseverstehen, Teil 4

| 21 | | | |
| --- | --- | --- | --- |
| 22 | | | |
| 23 | | | |
| 24 | | | |
| 25 | | | |

3. Bearbeitungsschritt **Übertragen der Lösungen**

Anschließend übertragen Sie die Lösungen in den Antwortbogen. Vergewissern Sie sich dabei noch einmal, dass Sie nichts vergessen haben.

# Hörverstehen

## Beschreibung dieses Prüfungsteils

### Übergreifendes Prüfungsziel

◌ Der Prüfungsteil Hörverstehen besteht aus zwei Teilen mit unterschiedlichen Aufgaben.

◌ Dabei sollen Sie zeigen, dass Sie

– einem Hörtext gezielt Informationen entnehmen können,
– Fragen dazu beantworten können.

Diese Ziele entsprechen dem Niveau B2 des Gemeinsamen Europäischen Referenzrahmens (GeR).

> Ich kann die Hauptinhalte zu konkreten Themen verstehen und Fragen dazu beantworten.

### Die Aufgabentypen

**Teil 1 – Aufgabe 1**
Sie erhalten: ein Aufgabenblatt mit Lücken.

> Indem Sie die Lücken ergänzen, zeigen Sie, dass Sie einen Hörtext zu einem konkreten Thema verstehen und die relevanten Informationen entnehmen können.

**Teil 2 – Aufgabe 2**
Sie erhalten: ein Aufgabenblatt mit Multiple-Choice-Aufgaben.

> Indem Sie die richtige Lösung ankreuzen, zeigen Sie, dass Sie einen Hörtext zu einem komplexen Thema verstehen und Fragen dazu beantworten können.

# Hörverstehen

## Dauer

&#9775; Zur Lösung des Hörverstehens haben Sie **insgesamt 30 Minuten** Zeit.

– Das Hörverstehen Teil 1 dauert ca. 8 Minuten.
– Das Hörverstehen Teil 2 dauert ca. 20 Minuten.

&#9775; Im Anschluss an den offiziellen Teil des Hörverstehens haben Sie zusätzlich fünf Minuten Zeit, um Ihre Antworten auf den Lösungsbogen zu übertragen.

## Bewertung

&#9775; Im Hörverstehen 1 erhalten Sie pro richtiger Antwort zwei Punkte.

&#9775; Im Hörverstehen 2 erhalten Sie pro richtig angekreuzter Lösung 1,5 Punkte.

Die maximale Punktzahl beträgt **25 Punkte**.

Teil 1 – maximal 10 Punkte
Teil 2 – maximal 15 Punkte

&#9775; Die Punkte aller drei schriftlichen Prüfungen, d.h. Leseverstehen, Hörverstehen und Schriftlicher Ausdruck, werden für das Ergebnis zusammengezählt. Dies ergibt ein Punktemaximum von 75. Um die schriftlichen Prüfungen zu bestehen, müssen mindestens 45 Punkte erreicht werden. Das entspricht 60 %.

## Wichtige Hinweise

&#9775; Den Text zum Hörverstehen 1 hören Sie nur *einmal*.

&#9775; Den Text zum Hörverstehen 2 hören Sie *zweimal*, einmal ohne Unterbrechung, ein zweites Mal in Abschnitten.

&#9775; Die Fragen folgen dem Ablauf des Textinhalts.

## Überblick über die Prüfungsteile zum Hörverstehen

|  | Hörverstehen 1 | Hörverstehen 2 |
|---|---|---|
| **Prüfungsziele** | fehlerhafte Informationen korrigieren oder fehlende Information ergänzen | richtige Antwort aus drei möglichen auswählen |
| **Textarten** | Meldung auf Anrufbeantworter | Radiosendung |
| **Vorlagen** | Text mit fünf Lücken | zehn Fragen mit jeweils drei Antwortmöglichkeiten |
| **Aufgabentyp** | Lücken | Multiple-Choice |
| **Aufgabenzahl** | 5 | 10 |
| **Punkte** | 10 | 15 |
| **Dauer:** 30 Minuten + zusätzlich 5 Minuten, um Lösungen zu übertragen | | |

# Hörverstehen, Teil 1

## Beschreibung des Prüfungsteils

### Was bekommen Sie?

 Sie erhalten ein Raster mit fünf Lücken.

### Was sollen Sie tun?

Sie sollen während des Hörens Informationen korrigieren oder fehlende Angaben ergänzen.

Sie hören den Hörtext nur *einmal*.

### Was müssen Sie können, um diese Aufgabe zu lösen?

Sie müssen

– die benötigten Informationen im Hörtext identifizieren und
– *während* des Hörens diese Informationen notieren können.

### Ablauf:

**Einleitung: 90 Sekunden Zeit zum Lesen des Rasters**

**Hörtext**

**1 Minute Zeit zum Eintragen der Antworten**

**nach Hörverstehen 2: fünf Minuten Zeit zum Übertragen der Antworten auf den Antwortbogen**

### Dauer

Der erste Teil des Hörverstehens dauert ca. 8 Minuten.

## Wie wird diese Aufgabe bewertet?

- Im Hörverstehen, Teil 1, erhalten sie pro richtiger Antwort zwei Punkte.

**Überblick Hörverstehen, Aufgabe 1**

|  | Prüfungsziele | Textarten | Vorlagen | Aufgabentyp | Aufgaben-zahl | Punkte |
|---|---|---|---|---|---|---|
| HV 1 | benötigte Informationen heraushören, Fehler korrigieren, Angaben ergänzen | Meldung auf dem Anrufbeantworter | Raster mit fünf Lücken | Lückentext | 5 | 10 |

In den folgenden Abschnitten lernen Sie, wie Sie bei der Lösung dieser Aufgabe Schritt für Schritt vorgehen können.

# Schritt für Schritt zur Lösung

## Selektives Hören

1. Bearbeitungsschritt

- Konzentrieren Sie sich nur auf die Informationen, die Sie benötigen. Überlegen Sie daher genau, worum es geht: Brauchen Sie eine Telefonnummer, eine Adresse, einen Namen?

## So geht's

### Beispiel

Im Folgenden finden Sie den Veranstaltungskalender für einen Verein. Sie hatten Ihren Freund Helmut gebeten, die darin enthaltenen Informationen zu überprüfen. Nun hinterlässt er Ihnen eine Nachricht mit Ergänzungen und Korrekturen auf Ihrem Anrufbeantworter.

| Termin | Veranstaltung | Ausrüstung | Treffpunkt | Anmeldung | Unkosten-beitrag |
|---|---|---|---|---|---|
| 15.09. | Herbstwandern<br>**0** *ca. 15 km* | Gute Schuhe, angemessene Kleidung | 08.00 am Bahnhof | 08.09.<br>0555 – 39 88 76 | Jeder bringt eigenen Proviant mit. |
| 31.10. | Kürbisschnitzen mit anschl. Halloween-Party | Kostüm | 16.00<br>Atzendinger Hof | 15.10.<br>0555 – 35 69 78<br>abends **1** ............ | 12 € |
| 10.11. | Kerzenziehen | – | 15.00<br>**2** ............ | 5.11.<br>0555 – 51 15 98 | – |
| 6.12. | Eislaufen | Schlittschuhe | 17.00 beim Natureisfeld | Keine Anmeldung nötig<br>**3** ............ | 5 €<br> |
| 31.12. | Silvesterfeier | Sportlich-elegant | Ab 18.00 beim Clubhaus | Bei Inga unter ib3@mynet.eu<br>**4** ............ | 10 € |
| 4.–6.1. | Skiwochenende | **5** ............ | 08.00 Busbahnhof | 15.12.<br>0555 – 36 78 52 | 100 € |

## Aufgabe 1

➲ Lesen Sie sich das Raster oben sorgfältig durch. Welche Informationen erwarten Sie für die fünf Lücken? Notieren Sie.

| Aufgabe 1 | Vermutung |
|---|---|
| 1 | Uhrzeit |
| 2 | |
| 3 | |
| 4 | |
| 5 | |

 ➲ Hören Sie nun den Text und ergänzen Sie die fehlenden Informationen.

**2. Bearbeitungsschritt**

## Signalwörter markieren

⚙ Der Text wird in einem authentischen Tempo gesprochen. Sie haben 90 Sekunden Zeit, das Raster zu lesen. Markieren Sie dabei wichtige Wörter. Diese Signalwörter helfen Ihnen, sich im Text zu orientieren, und zeigen Ihnen an, wo Sie gerade sind.

| Termin | Veranstaltung | Ausrüstung | Treffpunkt | Anmeldung | Unkosten-beitrag |
|---|---|---|---|---|---|
| 15.09. | Herbstwandern<br>**0** *ca. 15 km* | Gute Schuhe, angemessene Kleidung | 08.00 am Bahnhof | 08.09.<br>0555 – 39 88 76 | Jeder bringt eigenen Proviant mit. |
| 31.10. | Kürbisschnitzen mit anschl. Halloween-Party | Kostüm | 16.00<br>Atzendinger Hof | 15.10.<br>0555 – 35 69 78<br>abends **1** ............ | 12 € |
| 10.11. | Kerzenziehen | – | 15.00<br>**2** ............ | 5.11.<br>0555 – 51 15 98 | – |

*Beim Herbstwandern am 15.9. würde ich die Kilometer noch angeben, damit auch alle wissen, worauf sie sich einlassen. Ich habe nachgeschaut, es sind etwa 15 km.*

## Aufgabe

➲ Markieren Sie nun im Raster auf Seite 45 Signalwörter.

**3. Bearbeitungsschritt**

## Helfende Wörter

⚙ Diese Aufgabe braucht Geduld und Konzentration, denn manchmal müssen Sie bis zum Ende des Satzes warten, um zu entscheiden, was falsch bzw. richtig ist. Manchmal nehmen die Sätze aber auch gleich das Richtige voraus. Also aufgepasst!

### So geht's

⚙ Achten Sie auf Negationen und Wörter, die etwas Negatives ausdrücken, wie *fehlend, der Mangel, falsch, fälschlicherweise* usw. Diese kündigen an, dass eine Korrektur kommt. Dies gilt auch für Verknüpfungselemente wie *aber, jedoch, statt* usw. Entscheiden Sie dann möglichst schnell, welches die zu notierende Information ist.

## Aufgabe 2

❯ Schauen Sie sich die Transkription zum Beispiel oben an. Welche Wörter zeigen Ihnen an, dass eine Information falsch ist oder fehlt?

**Beispiel:**

*Am 10.11. beim Kerzenziehen <u>fehlen</u> die Angaben zur Ausrüstung. Ich glaube aber, das ist richtig so. Denn wir brauchen ja nichts. Kontrollierst du vielleicht noch einmal, ob wir wirklich nichts mitbringen müssen? Beim Treffpunkt <u>fehlt</u> allerdings der Ort. Du müsstest noch die alte Stahlgießerei <u>hinzufügen</u>.*

**Unterstreichen Sie:**

*Am 6.12. findet das Eislaufen mit dem Nikolaus statt. Es steht einfach 5 €uro beim Unkostenbeitrag. Das stimmt für die Erwachsenen, der Betrag für Kinder und Schüler fehlt, die bezahlen nämlich nur 3 Euro.*

*Für die Silvesterfeier sollen sich alle bei Inga anmelden. Da ist allerdings ihre alte Mailadresse hineingerutscht. Die ist nicht mehr gültig. Zudem hat sie mir gesagt, es wäre ihr lieber, wenn sich die Leute per Telefon anmelden. Ihre Nummer lautet 0555 – 37 48 29.*

*Zum Schluss würde ich beim Skiwochenende noch ergänzen, dass die Skier gemietet werden können. Es macht also nichts, wenn jemand keine Skier mehr hat oder so. Es gibt alles dort.*

## 🎧 Aufgabe 3

❯ Nun finden Sie noch einmal den gleichen Veranstaltungskalender wie in der Aufgabe oben. Hören Sie den Text noch einmal und achten Sie besonders auf Negationen, Satzverknüpfungen und Signalwörter. Füllen Sie dabei die Informationen noch einmal in die Lücken.

| Termin | Veranstaltung | Ausrüstung | Treffpunkt | Anmeldung | Unkosten-beitrag |
|---|---|---|---|---|---|
| 15.09. | Herbstwandern Beispiel: ca. 15 km | Gute Schuhe, angemessene Kleidung | 08.00 am Bahnhof | 08.09. 0555 – 39 88 76 | Jeder bringt eigenen Proviant mit. |
| 31.10. | Kürbisschnitzen mit anschl. Halloween-Party | Kostüm | 16.00 Atzendinger Hof | 15.10. 0555 – 35 69 78 abends **1**.......... | 12 € |
| 10.11. | Kerzenziehen | – | 15.00 **2**.......... | 5.11. 0555 – 51 15 98 | – |
| 6.12. | Eislaufen | Schlittschuhe | 17.00 beim Natureisfeld | Keine Anmeldung nötig | 5 € **3**.......... |
| 31.12. | Silvesterfeier | Sportlich-elegant | Ab 18.00 beim Clubhaus | Bei Inga unter ib3@mynet.eu **4**.......... | 10 € |
| 4.–6.1. | Skiwochenende | **5**.......... | 08.00 Bushof | 15.12. 0555 – 36 78 52 | 100 € |

❯ Vergleichen Sie nun Ihren zweiten Versuch mit dem ersten Hören. Sind Sie zu den gleichen Ergebnissen gekommen? Wo gab es Fehler? Überlegen Sie sich warum.

# Hörverstehen, Teil 1

## So sehen die Prüfungsseiten aus

**Hörverstehen 1**
**Dauer: 8 Minuten**

2 🎧

### Aufgabe 1

Hören Sie die Nachricht und korrigieren Sie während des Hörens die Informationen oder ergänzen Sie die fehlenden Angaben. Sie hören den Text **einmal**. Übertragen Sie die Ergebnisse am Ende von Hörverstehen, Teil 2, auf den Antwortbogen (1–5).

| Termin | Anlass | Saal | Dauer | Kontakt | Besonderes |
|---|---|---|---|---|---|
| 20. April | Firmenfeier | Biedermeier | 16.00–21.00 | Frau Meier Sekretariat 0555 – 32 65 78 | 3 Veganer **0** *4 Vegetarier* Spezialmenü |
| 10. Mai | Hochzeit | Großer Ritter-saal **1** ............... | 16.00–01.00 | Amélie Huber, abends 055 – 67 90 45 | Probeessen 30. April |
| 8. Juni | Sommerfest | Gartenterrasse | 11.00–17.00 | Firma Petzold **2** ............... | Schlechtwet-tervariante: Kaisersaal |
| 20. – 22. Juni | Seminar **3** ............... | Blauer Saal | 09.00–19.00 | Immo Müller Info@immo.müller.eu | Blockbe-stuhlung und Beamer |
| 9. Juli | Taufe | Sternenzimmer | 13.00–16.00 | Fam. Zulauf 0555 – 65 48 91 **4** ............... | |
| 21. Juli | Jubiläum | Turmzimmer | 11.30–16.00 | Hanni Weber 19.00 – 21.00 0555 – 98 98 54 | Bringen Torte selber **5** ............... |

# So sieht der Antwortbogen aus:

| Hörverstehen 1 |
| --- |
| 1 ................................................................................................ |
| 2 ................................................................................................ |
| 3 ................................................................................................ |
| 4 ................................................................................................ |
| 5 ................................................................................................ |

## So geht´s

### Während der Einleitung: Signalwörter markieren

1. Bearbeitungsschritt

➲ Markieren Sie Signalwörter, die Ihnen während des Hörens helfen, sich im Text zu orientieren.

### Während des Hörens: auf helfende Wörter achten

2. Bearbeitungsschritt

➲ Orientieren Sie sich mit Hilfe der markierten Signalwörter. Achten Sie beim Hören auf Negationen und Schlüsselwörter, die Ihnen ankündigen, wann etwas falsch ist, geändert oder ergänzt werden soll.

### Nach dem Hören: Antworten auf den Antwortbogen übertragen

3. Bearbeitungsschritt

➲ Im Anschluss an das Hörverstehen, Teil 2, haben Sie fünf Minuten Zeit, Ihre Antworten von Hörverstehen 1 und 2 auf den Antwortbogen zu übertragen. Überprüfen Sie nochmals Ihre Antworten.

⬦ Wenn Sie für eine Lücke keine Lösung gefunden haben, versuchen Sie diese logisch zu ergänzen.

# Hörverstehen, Teil 2

## Beschreibung des Prüfungsteils

### Was sollen Sie tun?

⚙ Sie hören ein längeres Radiointerview und sollen dazu zehn Fragen beantworten. Dazu sind jeweils drei Antworten vorgegeben. Sie sollen die richtige Antwort ankreuzen.

Sie hören den Text *zweimal*: Einmal hören Sie den Text ohne Unterbrechung, anschließend in Abschnitten. Der erste Abschnitt enthält die Beispielaufgabe auf dem Aufgabenblatt. Die Aufgaben folgen dem Text, sind also chronologisch.

### Was bekommen Sie?

⚙ Sie erhalten

– ein Aufgabenblatt mit 10 Multiple-Choice-Aufgaben,
– den Antwortbogen, auf den Sie die Lösungen nach Abschluss von Hörverstehen 1 und 2 übertragen sollen.

### Was müssen Sie können, um diese Aufgabe zu lösen?

⚙ Sie müssen

– die wichtigsten Aussagen des Interviews verstehen,
– dem Hörtext Details entnehmen können.

### Ablauf des Hörverstehens, Teil 2

**1. Hören**

Sie hören den Text einmal ganz.

1. Einleitung
2. Hörtext

**2. Hören**

Sie hören den Text in drei Abschnitten. Sie haben Zeit, um die Aufgaben zu Lesen und um Ihre Antworten zu markieren.

1. Einleitung
2. Beispiel (10 sek zum Anschauen)
3. 60 Sek. zum Lesen der Aufgaben 6 – 8
4. Hörtext-Abschnitt 1
5. 30 Sek. zum Eintragen der Antworten
   ↓
6. 60 Sek. zum Lesen der Aufgaben 9 – 12
7. Hörtext Abschnitt 2
8. 30 Sek. zum Eintragen der Antworten
   ↓
9. 60 Sek. zum Lesen der Aufgaben 13 – 15
10. Hörtext Abschnitt 3
11. 30 Sek. zum Eintragen der Antworten
    ↓
12. 5 Min. zum Übertragen der Antworten auf den Antwortbogen

⚙ Die Aufgabenzahl pro Abschnitt variiert. Achten Sie auf die Ansage.

## Lösungswege

1. Sie konzentrieren sich beim ersten Hören ganz auf den Text, ohne die Fragen und Aufgaben zu lesen.

2. Sie lesen während des ersten Hörens die Fragen und Antworten mit und markieren bereits Schlüsselwörter.

⚙ Finden Sie selbst heraus, wie Sie am besten vorgehen können.

## Dauer

⚙ Das Hörverstehen, Teil 2, dauert ca. 20 Minuten.

## Wie wird diese Aufgabe bewertet?

⚙ Im Hörverstehen, Teil 2, erhalten Sie pro Antwort 1,5 Punkte.

### Wichtige Hinweise:

⚙ Sie hören in diesem Prüfungsteil ein Radiointerview. Dabei kann es manchmal auch mehr als zwei Gesprächspartner geben; diese sprechen dann nacheinander.

### Überblick Hörverstehen, Aufgabe 2

|  | Prüfungsziele | Textarten | Vorlagen | Aufgabentyp | Aufgaben-zahl | Punkte |
|---|---|---|---|---|---|---|
| HV2 | wichtige Aussagen und Details ver-stehen | Radio-interview | • eine Vorlage mit zehn Fragen<br>• ein Antwortbogen | Multiple Choice | 10 | 15 |

In den folgenden Abschnitten lernen Sie, wie Sie bei der Lösung dieser Aufgabe Schritt für Schritt vorgehen können.

# Schritt für Schritt zur Lösung

### Thema des Gesprächs und Gesprächsteilnehmer identifizieren

1. Bearbeitungsschritt

⚙ Sie bekommen in diesem Teil der Prüfung keinen Hinweis auf das Thema des Hörtextes. Das Thema erfahren Sie erst beim Hören der Einleitung.

### So geht's

⚙ Lesen Sie unten die Transkription eines Interviews. Sätze, die Ihnen das Thema verraten, sind farbig unterlegt.

# Hörverstehen, Teil 2

**Beispiel:**

*Hören Sie jetzt ein Interview der <u>Radiomoderatorin</u> <u>Irmgard Meier</u> mit der Diplom-Psychologin Frau Bauer aus München. Barbara Bauer arbeitet in der Psychologischen Beratungsstelle an der Ludwig - Maximilians - Universität München und <u>betreut</u> dort <u>Studierende</u>, die unter <u>Prüfungsangst</u> leiden. Im Interview erklärt sie, warum manche Menschen mit Prüfungsangst Betreuung benötigen und woran man erkennt, dass jemand Hilfe braucht.*

↳ Die *Diplom-Psychologin Frau Bauer* ist die Gesprächspartnerin im Studio.
↳ Das Thema des Interviews ist *Prüfungsangst*.

## Aufgabe 1

3 ➡ Hören Sie nun die folgenden Auszüge. Wer spricht? Um welches Thema handelt es sich?

**a.** Einleitung 1
Gesprächspartner: ........................................................................................................................

Thema: ..................................................................................................................................................

**b.** Einleitung 2
Gesprächspartner: ........................................................................................................................

Thema: ..................................................................................................................................................

**c.** Einleitung 3
Gesprächspartner: ........................................................................................................................

Thema: ..................................................................................................................................................

Haben Sie herausgehört, um welches Thema es sich handelt? Wenn nicht, hören Sie die Auszüge noch einmal.

**2. Bearbeitungsschritt**

## Schlüsselwörter markieren

⚙ Sinnvoll ist es, in den Fragen und Antworten, die zur Auswahl stehen, Schlüsselwörter zu markieren. Dies erleichtert Ihnen die Orientierung beim Hören.

## So geht's

**Tipp:** Manche Antworten sind unlogisch, diese können Sie gleich streichen.

⚙ Unterstreichen Sie in den Fragen und Antworten die Wörter, die die wichtigsten Informationen enthalten.

**Beispiel:**

Welche schwerwiegenden Konsequenzen kann zu große Prüfungsangst für Studenten haben?

A ☐ Prüfungsangst hilft, das Studium <u>schnell und erfolgreich zu beenden</u>.
B ☐ Menschen mit Prüfungsangst erleben oft ein <u>Blackout</u> in der Prüfungssituation.
C ☐ Einige Studenten <u>brechen</u> das Studium <u>ab</u>.

## Aufgabe 2

➲ Unterstreichen Sie Schlüsselwörter in der Frage und in den Antworten. Welche Antwort erscheint Ihnen unlogisch?

Was macht den Beruf des Simultanübersetzers zu einer Herausforderung?

A ☐ Es ist nicht einfach, sich die ganze Zeit zu konzentrieren, wenn man eine ganze Parlamentssitzung übersetzen muss.

B ☐ Da man in der Regel zu zweit oder zu dritt in der Kabine ist, wird es schnell warm und man schwitzt oft.

C ☐ Es ist nicht einfach, etwas zu übersetzen, von dem man weiß, dass es politisch nicht korrekt ist.

### Die richtige Antwort finden

3. Bearbeitungsschritt

✧ Beim zweiten Hören ist der Hörtext in Abschnitte gegliedert. Sie bekommen 60 Sekunden Zeit zum Lesen der Aufgaben und der Multiple-Choice-Antworten. Nach dem Hören eines Abschnitts haben Sie 30 Sekunden, um die Antworten anzukreuzen.

**Tipp:** Sie hören zunächst das Beispiel. Währenddessen könnnen Sie sich bereits mit der ersten Aufgabe beschäftigen.

## Aufgabe 3

➲ Gehen Sie zurück zu Aufgabe 2. Hören Sie nun den Text und überprüfen Sie Ihre Thesen mit Hilfe des Lösungsschlüssels.

### Antworten auf den Antwortbogen übertragen

4. Bearbeitungsschritt

Nach dem Ende des zweiten Hörens haben Sie fünf Minuten Zeit Ihre Antworten von Hörverstehen 1 und 2 auf den Antwortbogen zu übertragen. Überprüfen Sie dabei Ihre Antworten nochmals.

**Tipp:** Nicht Ihre Meinung zählt, sondern die des Autors. Achten Sie also auf die genaue Aussage des Verfassers.

## Aufgabe 4

➲ Lesen Sie sich die folgenden Aufgaben durch und unterstreichen Sie Schlüsselwörter. Markieren Sie Antworten, die Ihnen unlogisch erscheinen.

➲ Hören Sie dann einen Auszug aus einem Radio-Interview zum Thema „Lebenslanges Lernen".

**1. Wie hoch ist der Anteil an Menschen in Deutschland, die sich weiterbilden?**

A ☐ Noch nicht einmal jeder Zweite nimmt an Weiterbildungen teil.
B ☐ Die meisten der Beschäftigten bilden sich regelmäßig weiter.
C ☐ Eine Mehrheit der Menschen möchte sich nicht weiterbilden.

**2. Warum werden immer weniger Weiterbildungen angeboten?**

A ☐ Weiterbildungen sind zu teuer.
B ☐ Viele Mitarbeiter haben keine Zeit dafür.
C ☐ Die Organisation von Weiterbildungen ist zu kompliziert.

**3. Wie unterstützen große Unternehmen Mitarbeiter, die sich weiterbilden wollen?**

A ☐ Sie bieten Ihnen firmeninterne Weiterbildungen an.
B ☐ Sie vermitteln die Weiterbildungen und geben den Mitarbeitern Zeit dafür.
C ☐ Sie vermitteln Ihnen Adressen von Weiterbildungseinrichtungen.

## So sehen die Prüfungsseiten aus

**Hörverstehen**
**Dauer: 20 Minuten**

6-10 🎧 ### Aufgabe 2

Sie hören den Text zweimal, zunächst einmal ganz, danach ein zweites Mal in Abschnitten. Kreuzen Sie die richtige Antwort (A, B oder C) an und übertragen Sie die Ergebnisse am Ende auf den Antwortbogen (Nummer 6 – 15).
Achtung: Die Pausenzeiten entsprechen denen in der Prüfung.

**Beispiel:**

**[0]** Warum ist es schwierig, die genaue Zahl an gesprochenen Sprachen zu bestimmen?

A ☐ Politiker können sich nicht auf die Abgrenzung zwischen den Sprachen einigen.
B ☒ Es ist schwierig zu definieren, was eine Sprache ist und was nicht.
C ☐ Man findet auch heute noch bisher unentdeckte Sprachen.

**6.** Wie komplex sind Mundarten?

A ☐ Mundarten sind eine primitive Version von richtigen Sprachen.
B ☐ Mundarten können sehr komplexe Strukturen besitzen.
C ☐ Komplexe Mundarten beruhen auf Latein.

**7.** Warum ist es hilfreich, wenn Kinder auch Dialekt sprechen?

A ☐ Ein Dialekt kann beim Erlernen einer Fremdsprache behilflich sein.
B ☐ Sie werden von Leuten aus ihrer Region besser verstanden.
C ☐ Die Beherrschung der Hochsprache wird überbewertet.

**8.** Ist Mehrsprachigkeit für Kinder problematisch?

A ☐ Mehrere Sprachen verwirren die Kinder oft.
B ☐ In den meisten Ländern wachsen Kinder nur mit einer Sprache auf.
C ☐ Mehrsprachigkeit ist für viele Kinder oft problemlos.

**9.** Welche Fremdsprachen lassen sich am leichtesten lernen?

A ☐ Sprachen, die man als Kind lernt.
B ☐ Sprachen, die mathematisch aufgebaut sind.
C ☐ Fremdsprachen, die viel mit der Muttersprache gemeinsam haben.

**10.** Was ist der Vorteil von Grammatik?
A ☐ Sie ermöglicht ein besseres Verstehen der Sprache und ihrer Wirkung.
B ☐ Sie hilft Integralrechnung besser zu verstehen.
C ☐ Sie ermöglicht Zugang zu anderen Kulturen.

**11.** Was besagt die Theorie von Benjamin Lee Whorf?

A ☐ Man muss eine Sprache beherrschen, um die Kultur zu verstehen.

B ☐ Das Farbspektrum unterscheidet sich in verschiedenen Sprachen.

C ☐ Der Zeitbegriff ist kulturabhängig.

**12.** Wie viele Wörter kennt die Deutsche Sprache?

A ☐ ca. 250 000

B ☐ unendlich viele

C ☐ ca. 20 000

**13.** Wie haben sich die ersten Menschen verständigt?

A ☐ Mit einer primitiven Lautsprache.

B ☐ Mit sogenannten „Knacklauten".

C ☐ Mit einfachen Gebärden.

**14.** Auf welche menschliche Art kommunizieren einige Affenarten in freier Wildbahn?

A ☐ Sie beherrschen einfache Laute.

B ☐ Sie sind in der Lage abstrakte Zeichen zu verstehen.

C ☐ Sie verwenden Körpersprache.

**15.** Was ist Körpersprache?

A ☐ Körpersprache wird von Gehörlosen zur Kommunikation verwendet.

B ☐ Körpersprache wird ausschließlich von Pantomimen verwendet.

C ☐ Körpersprache wird meist unbewusst verwendet.

# Beispiel für einen Antwortbogen:

| Hörverstehen 2 | | |
|---|---|---|
| 6 A | B | C |
| 7 A | B | C |
| 8 A | B | C |
| 9 A | B | C |
| 10 A | B | C |
| 11 A | B | C |
| 12 A | B | C |
| 13 A | B | C |
| 14 A | B | C |
| 15 A | B | C |

Lösungen: ..................................... x 1,5 = ..................................... Punkte (max. 15)

# Hörverstehen, Teil 2

## So geht's

1. Bearbeitungsschritt **Beim 1. Hören: Gesprächspartner und Thema identifizieren**

➲ Konzentrieren Sie sich beim ersten Hören auf den größeren Zusammenhang. Wer spricht, um welches Thema handelt es sich?

**Einleitung:**

Thema:
Gesprächspartner:

2. Bearbeitungsschritt **Beim 1. oder 2. Hören: Schlüsselwörter markieren**

➲ Lesen Sie vor jedem neuen Abschnitt die jeweiligen Fragen und dazugehörigen Antworten genau durch. Unterstreichen Sie Schlüsselwörter.
Gibt es Antworten, die Ihnen unlogisch erscheinen?

3. Bearbeitungsschritt **Beim 2. Hören: Die richtige Antwort ankreuzen**

4. Bearbeitungsschritt **Nach dem Hören: Antworten auf Antwortbogen übertragen**

➲ Übertragen Sie Ihre Lösungen auf den Antwortbogen. Vergewissern Sie sich, dass Sie keine Antwort vergessen haben. Sollten Sie bei einer Frage keine Antwort gefunden haben, kreuzen Sie an, was Ihnen am wahrscheinlichsten erscheint.

# Schriftlicher Ausdruck

## Beschreibung dieses Prüfungsteils

### Übergreifendes Prüfungsziel

Der Prüfungsteil Schriftlicher Ausdruck besteht aus zwei Teilen mit unterschiedlichen Aufgaben. Dabei sollen Sie zeigen, dass Sie

– eine zusammenhängende, schriftliche Reaktion auf einen kurzen Artikel zu aktuellen Themen verfassen können,
– Fehler in einem kurzen Brief finden und korrigieren können.

Diese Ziele entsprechen dem Niveau B2 des Gemeinsamen Europäischen Referenzrahmens (GeR).

Ich kann mich zu einem breiten Spektrum von Themen klar und zusammenhängend äußern, kann meinen Standpunkt erläutern und Fehler korrigieren.

### Die Aufgabentypen

**Teil 1 – Aufgabe 1**
Sie erhalten:
– einen Überblick über die zwei zur Auswahl stehenden Aufsatzthemen,
– den Aufgabenbogen zu Ihrem Thema mit der detaillierten Aufgabenstellung. Auf der Rückseite befindet sich die Aufgabe 2 des Schriftlichen Ausdrucks.

Zusätzlich erhalten Sie Notizpapier und das Papier für die Reinschrift.

Indem Sie eine Reaktion auf einen kurzen Artikel verfassen und vier Leitpunkte zu dem Thema behandeln, zeigen Sie, dass Sie einen Text zu einem konkreten Thema verstehen, die Kernaussagen erkennen, passende Beispiele anführen und anschließend Ihren eigenen Standpunkt zum Thema äußern können.

**Teil 2 – Aufgabe 2**

Sie erhalten:
- ein Aufgabenblatt (die Rückseite des Aufgabenblatts Schriftlicher Ausdruck 1),
- einen Antwortbogen.

> Indem Sie die Fehler in einem Brief finden und korrigieren, zeigen Sie, dass Sie die notwendige Grammatik beherrschen und Kenntnisse über Wortbildung und Wortbedeutung haben.

## Dauer

◦ Für die Lösung des Schriftlichen Ausdrucks haben Sie insgesamt 80 Minuten Zeit.

◦ Die Bearbeitungszeit beträgt

- für den Schriftlichen Ausdruck 1 ca. 65 Minuten,
- für den Schriftlichen Ausdruck 2 ca. 15 Minuten.

## Bewertung

◦ Im Schriftlichen Ausdruck 1 werden folgende Kriterien bewertet:

- Inhaltliche Vollständigkeit
- Textaufbau und Kohärenz
- Ausdrucksfähigkeit
- Korrektheit

◦ Im Schriftlichen Ausdruck erhalten Sie pro Fehlerkorrektur einen Punkt.

Die maximale Punktzahl beträgt 25 Punkte.
Teil 1 – maximal 15 Punkte
Teil 2 – maximal 10 Punkte

◦ Die Punkte aller drei schriftlichen Prüfungen, d. h. Leseverstehen, Hörverstehen und Schriftlicher Ausdruck, werden für das Ergebnis zusammengezählt. Dies ergibt ein Punktemaximum von 75. Um die schriftlichen Prüfungen zu bestehen, müssen mindestens 45 Punkte erreicht werden. Das entspricht 60 %.

## Wichtige Hinweise

◦ Beim Schriftlichen Ausdruck ist das Benutzen von Wörterbüchern oder anderen Hilfsmitteln nicht gestattet.

◦ Wählen Sie Ihr Thema beim Schriftlichen Ausdruck 1 sorgfältig. Haben Sie sich einmal für ein Thema entschieden, gibt es kein Zurück mehr!

◦ Bitte benutzen Sie keinen Bleistift.

**Überblick über die Prüfungsteile zum Schriftlichen Ausdruck**

| Teile | Prüfungsziele | Textarten | Vorlagen | Aufgabentyp | Aufgaben-zahl | Punkte |
|---|---|---|---|---|---|---|
| SA 1 | eine zusammenhän-gende, schriftliche Stellungnahme zu einem vorgegebenen Thema | kurzer Artikel aus der Zeitung oder dem Internet | • eine kurze Zusammen-fassung von beiden zur Auswahl stehen-den Themen<br>• detaillierte Aufgaben-stellung zum ausge-wählten Thema mit Leitpunkten | Reaktion auf einen Artikel schreiben | 1 (4 Leit-punkte) | 15 |
| SA 2 | Überprüfung der Kennt-nisse von Grammatik, Wortbildung und Wort-bedeutung | Brief | • Aufgabenblatt | Fehler-korrektur | 10 | 10 |
| | | | **Dauer:** 80 Minuten | | | |

# Schriftlicher Ausdruck, Teil 1

## Beschreibung des Prüfungsteils

### Was bekommen Sie?

⚙ Sie erhalten:

– eine Übersicht über zwei Themen. Sie wählen ein Thema aus und bekommen danach
– das Aufgabenblatt zu Ihrem Thema mit einem Text und vier Fragen.

Dazu erhalten Sie Notizpapier und den Antwortbogen.

⚙ Beachten Sie: Der Schriftliche Ausdruck 2 befindet sich auf der Rückseite!

### Was sollen Sie tun?

⚙ Sie sollen einen Leserbrief verfassen und dabei auf eine Meldung reagieren. Sie müssen in Ihrem Schreiben auf vier vorgegebene Punkte eingehen.

### Was müssen Sie können, um diese Aufgabe zu lösen?

⚙ Sie müssen

– einen grammatisch und semantisch korrekten Text schreiben,
– Sätze logisch miteinander verknüpfen können.

### Dauer

⚙ Für die Lösung der Aufgabe haben Sie ca. 65 Minuten Zeit.

### Wie wird diese Aufgabe bewertet?

⚙ Die Aufgabe wird nach vier Kriterien bewertet:

Inhaltliche Vollständigkeit          Ausdrucksfähigkeit
Textaufbau und Kohärenz              Korrektheit

⚙ Die Punkte werden folgendermaßen vergeben:

Inhaltliche Vollständigkeit: max. 3 Punkte     Ausdrucksfähigkeit: max. 4 Punkte
Textaufbau und Kohärenz: max. 4 Punkte         Korrektheit: max. 4 Punkte

Sie können also in diesem Prüfungsteil ein Maximum von 15 Punkten erreichen.

⚙ Wird ein Kriterium mit 0 Punkten bewertet, ist auch die Gesamtpunktzahl für den 1. Teil des Schriftlichen Ausdrucks 0.

| | Prüfungsziele | Vorlagen | Aufgabentyp | Aufgabenzahl | Punkte |
|---|---|---|---|---|---|
| SA 1 | eine zusammenhängende, schriftliche Stellungnahme zu einem vorgegebenen Thema | • ein kurzer Themenüberblick<br>• ein Text und detaillierte Aufgaben zum gewählten Thema (= vier Leitpunkte) | einen Leserbrief als Reaktion auf einen Artikel schreiben | 1<br>(4 Leitpunkte) | 15 |

In den folgenden Abschnitten lernen Sie, wie Sie bei der Lösung dieser Aufgabe Schritt für Schritt vorgehen können.

# Schritt für Schritt zur Lösung

## Thema wählen

1. Bearbeitungsschritt

Zunächst müssen Sie sich für ein Thema entscheiden. Verlieren Sie dabei nicht zu viel Zeit. Wählen Sie – wenn möglich – kein Thema, über das Sie nichts wissen oder das Ihnen nicht gefällt.

## Aufgabe 1

➔ Überfliegen Sie die folgenden Aufgaben zum Schriftlichen Ausdruck.

➔ Für welche der beiden Aufgaben würden Sie sich entscheiden? Achten Sie dabei darauf, wie viel Zeit Sie benötigen, um sich zu entscheiden.

| Thema 1 A:<br>**Privatschulen auf dem Vormarsch**<br><br>Ihre Aufgabe ist es, auf eine Meldung in einer deutschen Zeitung zu reagieren.<br><br>Sie sollen sich dazu äußern, warum die Nachfrage an Privatschulen steigt und was Sie von der Diskussion um die verschiedenen Schulformen halten. | Thema 1 B:<br>**Doping im Leistungssport**<br><br>Ihre Aufgabe ist es, auf eine Meldung in einer deutschen Zeitung zu reagieren.<br><br>Sie sollen sich zur Dopingproblematik bei den Sportprofis äußern und einen Vergleich mit Sportlern im Verein anstellen. |
|---|---|

➔ Nach welchen Kriterien sind Sie zu Ihrer Entscheidung gekommen?

Ich habe zwar an einer privaten Schule gelernt, aber Thema B spricht mich mehr an. Ich habe jahrelang selbst Sport im Verein getrieben. Dazu kann ich viel erzählen.

# Schriftlicher Ausdruck, Teil 1

2. Bearbeitungsschritt Vorwissen aktivieren

⚙ Nun geht es darum, Ihr Vorwissen zum ausgewählten Thema zu aktivieren. Fragen Sie sich: Haben Sie eigene Erfahrungen, haben Sie schon etwas dazu gelesen, gehört, ist jemand, den Sie kennen, davon betroffen?

## So geht's

**Beispiel**
Folgend finden Sie nun einen Textauszug zum Thema 1, zu dem Sie Ihr Vorwissen aktivieren sollen.

➡ Lesen Sie die Meldung.

### Privatschulen auf dem Vormarsch

Die Nachfrage nach Plätzen in Privatschulen steigt und das so schnell, dass das Angebot nicht mehr mithalten kann. Wer es sich leisten kann, schickt seine Kinder auf eine Privatschule, da sich viele Eltern dort eine bessere Schulbildung für ihre Sprösslinge erhoffen. Werden die Privatschulen dieser Erwartung auch gerecht? Ist wirklich alles Gold, was glänzt? Gemäß dem deutschen Grundgesetz kann jeder eine Schule gründen. Dies geschieht allerdings nicht nur aus pädagogischem Idealismus, sondern auch aus finanziellem Kalkül, aus Streben nach Gewinn. Es stellt sich allerdings die Frage, ob man mit Schulen Geld verdienen darf.

➡ Worum geht es im Textausschnitt?

↳ Der Titel verrät es bereits: Privatschulen

➡ Was wissen Sie zm Thema? Wie stehen Sie dazu? Notieren Sie alles, was Ihnen dazu in den Sinn kommt:

| Privatschulen ↔ | staatliche Schulen |
|---|---|
| + bessere Ausbildung | + bessere soziale Durchmischung |
| + mehr Mitspracherecht der Eltern | + mehr Freizeit, da keine Ganztags- |
| − hohe Kosten | schule |
| − wie werden Kosten verteilt? In Abhängigkeit des Einkommens oder gleiche Gebühren für alle? | − weniger Sport, Kunst, Musik |
| − nur für Reiche? | |

3. Bearbeitungsschritt Einleitung schreiben

⚙ Ihr Brief sollte klar gegliedert sein, deshalb sollten Sie nicht gleich den ersten Leitpunkt bearbeiten, sondern einen einleitenden Satz formulieren, in dem Sie sich auf den Artikel beziehen oder sagen, warum Sie schreiben.

## So geht's

### Aufgabe 2

Hier finden Sie jeweils den Anfang zweier Leserbriefe. Beide Briefautoren beziehen Stellung zum Thema „Privatschulen auf dem Vormarsch" (von Seite 61).

➲ Welcher der beiden Textanfänge gefällt Ihnen besser? Begründen Sie Ihre Antwort.

Sehr geehrte Redaktion,

in Ihrer Ausgabe vom 03.03. habe ich den Artikel über die Privatschulen gelesen. Das Thema bewegt mich sehr, denn ich bin Vater zweier Söhne in schulpflichtigem Alter. Daher möchte ich meinen Standpunkt als Betroffener äußern.

Wir haben etliche Abende am Küchentisch gesessen, um die Vor- und Nachteile von Privatschule und staatlicher Schule abzuwägen. Man will schließlich für seine Kinder nur das Beste.

…

Guten Tag,

Privatschule oder staatliche Schule ist heute zu einer Diskussion geworden, die sich nicht nur um die Qualität dreht.

Pragmatisch betrachtet bieten vor allem Privatschulen auf Grund ihrer kleineren Klassen die Möglichkeit, dass Schüler individueller gefördert werden können.

Für mich persönlich …

➲ Wie würden Sie beginnen? Formulieren Sie nun eine eigene Einleitung:

.....................................................................................................................

.....................................................................................................................

.....................................................................................................................

.....................................................................................................................

(siehe Redemittel Einleitung, S. 66)

### Leitpunkte bearbeiten

4. Bearbeitungsschritt

In der Prüfung erhalten Sie inhaltliche Vorgaben, zu denen Sie schreiben sollen. Diese Punkte müssen Sie *alle* bearbeiten! Legen Sie die Reihenfolge der Punkte fest. Schreiben Sie mindestens zwei Sätze zu jedem der Leitpunkte. Achten Sie darauf, dass Sie keinen Punkt vergessen.

## Aufgabe 3

**Zu folgenden Leitpunkten soll etwas geschrieben werden:**

Welche Unterschiede gibt es zu staatlichen Schulen?

Wie schätzen Sie die Leistungen und das Angebot der Privatschulen ein?

Besteht in Ihrem Heimatland auch eine steigende Nachfrage nach Privatschulen?

Wie sehen Sie persönlich das Thema Schule?

➡ Überlegen Sie, in welcher Reihenfolge Sie die Leitpunkte im Text abhandeln wollen.

➡ Formulieren Sie Aspekte, die hinter jeder Frage stecken. Das liefert Ihnen den Stoff, den Sie zur Lösung der Aufgabe benötigen.

➡ Beantworten Sie dann die Fragen mit einigen Sätzen.

### Leitpunkt 1

Welche Unterschiede gibt es im Vergleich zu staatlichen Schulen, zum Beispiel in Bezug auf Mitspracherecht der Eltern, Unterrichtsstoff, Kleiderregelung, Schulgelder, außerschulische Aktivitäten wie Kunst, Musik und Sport?

*… Die Eltern bezahlen zum Teil sehr hohe Schulgelder und erwarten daher auch ein gewisses Mitspracherecht. In Privatschulen gibt es häufiger eine Kleiderordnung als an staatlichen Schulen. In staatlichen Schulen gibt es zunehmend mehr Stundenausfall, da nicht genügend Lehrer eingestellt werden.*

### Leitpunkt 2

.................................................................................................................

.................................................................................................................

.................................................................................................................

.................................................................................................................

.................................................................................................................

**Leitpunkt 3**

........................................................................................................

........................................................................................................

........................................................................................................

........................................................................................................

........................................................................................................

**Leitpunkt 4**

........................................................................................................

........................................................................................................

........................................................................................................

........................................................................................................

........................................................................................................

## Der Schluss

5. Bearbeitungsschritt

⚙ Wenn Sie alle Leitpunkte behandelt haben, hören Sie nicht einfach mit Ihrem Text auf.

Formulieren Sie einen passenden Schlusssatz. Beachten Sie dazu auch die Redemittel in der Übersicht auf S. 67.

**Tipp:** Vergessen Sie auch eine abschließende Grußformel nicht, wie z. B. *Mit freundlichen Grüßen.*

## Aufgabe 4

Gehen Sie zurück zum eingangs genannten Beispiel „Privatschulen auf dem Vormarsch". Überlegen Sie sich nun auch einen passenden Schluss für Ihr Schreiben.

**Ihr Schlusssatz**

........................................................................................................

........................................................................................................

........................................................................................................

........................................................................................................

........................................................................................................

## Gliederung des Textes

6. Bearbeitungsschritt

⚙ Achten Sie auf einen strukturierten Aufbau Ihres Textes. Bearbeiten Sie alle vier in der Aufgabe gestellten Punkte.

Strukturieren Sie klar Ihre Gedankengänge und verknüpfen Sie die Sätze logisch miteinander.

# Schriftlicher Ausdruck, Teil 1

## So geht's

※ Im folgenden finden Sie eine schematische Darstellung des Textaufbaus. Versuchen Sie Ihren Leserbrief nach diesem Schema aufzubauen.

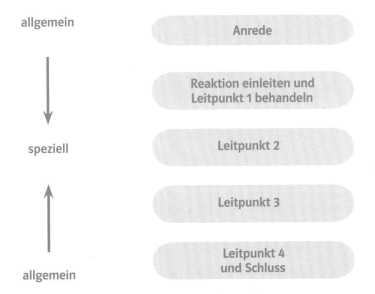

allgemein — Anrede

Reaktion einleiten und Leitpunkt 1 behandeln

speziell — Leitpunkt 2

Leitpunkt 3

allgemein — Leitpunkt 4 und Schluss

## Redemittel und Tipps für den Textaufbau

### Einleitung

※ Beginnen Sie nicht sofort mit dem Thema. Erklären Sie zuerst, warum Sie schreiben. So bereiten Sie den Leser auf das Thema vor.

> **Redemittel**
>
> In Ihrer Ausgabe vom … habe ich gelesen, dass …
> Im Internet stieß ich auf Ihren Artikel zum Thema …
> Generell lässt sich sagen, dass …
> Das Thema … interessiert mich besonders / betrifft mich persönlich, darum …
> Es besteht kein Zweifel, dass …
> Überall ist zu lesen, dass …

### Hauptteil

※ In diesem Teil gehen Sie auf die vorgeschriebenen Punkte in der Aufgabenstellung ein und äußern Ihre Meinung zum Thema. Sie müssen Ihren Text klar gliedern (→ Redemittel) und die Sätze miteinander verbinden (→ Konnektoren).

## Schluss

⚙ Hören Sie nach dem letzten Leitpunkt nicht einfach auf. Runden Sie das Thema ab und kommen Sie zu einem allgemeinen Fazit.

### Den Text schreiben

**7. Bearbeitungsschritt**

⚙ Sie haben sich nun Schritt für Schritt dem Ziel genähert. Versuchen Sie nun, die einzelnen Teile zusammenzusetzen. Verbinden Sie Ihre Sätze zum Thema „Privatschulen auf dem Vormarsch" zu einem zusammenhängenden Leserbrief. Beachten Sie dabei die Gliederung und die Verknüpfung der einzelnen Teile.

### Aufgabe 5

Das zweite Thema der auf S. 61 vorgestellten Prüfungsaufgabe zum Schriftlichen Ausdruck 1 lautet:

---

**Thema 1 B:**
**Doping im Leistungssport**

Ihre Aufgabe ist es, auf eine Meldung in einer deutschen Zeitung zu reagieren.

Sie sollen sich zur Dopingproblematik bei den Sportprofis äußern und einen Vergleich mit Sportlern im Verein anstellen.

---

Im Folgenden finden Sie nun die Zeitungsmeldung.

➲ Lesen Sie diese und notieren Sie, was Ihnen spontan dazu einfällt.

## Siege – aber bitte ohne Doping

Sitzen Athleten in der Falle? Sie sollen Höchstleistungen bringen, möglichst ganz oben auf dem Siegerpodest stehen und das auch noch mit einer selbstverständlichen Regelmäßigkeit, aber ohne Doping versteht sich. Veranstalter und Offizielle von Vereinen und Organisationen appellieren an die Moral der Sportler und vertreten den Standpunkt, dass die Ablehnung von Drogen lediglich eine Frage der Disziplin sei. Es stellt sich jedoch die Frage, ob es für Sportler heute tatsächlich noch möglich ist, Spitzenleistungen auch ohne Doping zu erreichen. Denn Doping ist bereits in Sportvereinen, in denen es überwiegend um Spaß an der Bewegung gehen sollte, zu einem Problem geworden.

➲ Ihre Notizen:

.........................................................................................................................
.........................................................................................................................
.........................................................................................................................
.........................................................................................................................
.........................................................................................................................
.........................................................................................................................
.........................................................................................................................
.........................................................................................................................
.........................................................................................................................
.........................................................................................................................
.........................................................................................................................
.........................................................................................................................

➜ In der Prüfung lautet Ihre Aufgabe, eine Reaktion an die Online-Redaktion zu verfassen. Auf folgende Punkte sollen Sie dabei eingehen:

Welche Rolle spielt Sport in Ihrem Heimtland?

Wird der Profisport vom Geld und den Siegesprämien negativ beeinflusst?

Was halten Sie von Siegen, die mit Hilfe von Doping erreicht wurden?

Welche Bedeutung hat Sport für Sie persönlich?

➜ Formulieren Sie zuerst eine mögliche Einleitung.

........................................................................................................................
........................................................................................................................
........................................................................................................................
........................................................................................................................

➜ Überlegen Sie sich, in welcher Reihenfolge Sie die Leitpunkte bearbeiten wollen. Nummerieren Sie diese. Sammeln Sie dann Stichwörter zu den einzelnen Punkten:

**Sport in Ihrem Heimatland:**

........................................................................................................................
........................................................................................................................
........................................................................................................................
........................................................................................................................

**Siegesprämien im Spitzensport:**

........................................................................................................................
........................................................................................................................
........................................................................................................................
........................................................................................................................

**Siege durch Doping:**

........................................................................................................................
........................................................................................................................
........................................................................................................................
........................................................................................................................

**Persönliche Bedeutung von Sport:**

.......................................................................................................................

.......................................................................................................................

.......................................................................................................................

.......................................................................................................................

➲ Überlegen Sie sich einen passenden Schluss:

.......................................................................................................................

.......................................................................................................................

.......................................................................................................................

.......................................................................................................................

➲ Formulieren Sie nun Ihre Gedanken aus und verfassen Sie einen zusammenhängenden Text. Achten Sie auf den Aufbau Ihres Textes und verbinden Sie Ihre
Gedanken. Vergleichen Sie dazu auch mögliche Redemittel und Konnektoren auf Seite
66 / 67 in diesem Kapitel.

**8. Bearbeitungsschritt**

## Den Text korrigieren

Lesen Sie Ihren Text zum Schluss noch einmal gründlich durch. Achten Sie dabei auf
Fehler und auf Vollständigkeit. Die folgende Liste soll Ihnen dabei helfen:

> Überprüfen Sie:
>
> • die Vollständigkeit der Leitpunkte,
>
> • die Groß- und Kleinschreibung,
>
> • den kleinen Satzanfang nach der Anrede,
>
> • die Position der finiten Verben,
>
> • die Endungen von Verben, Adjektiven und Nomen.

Nehmen Sie sich jetzt Ihre eigenen Texte, die Sie zu den eingangs gestellten Themen
1 A und 1 B geschrieben haben, noch einmal zur Hand und korrigieren Sie diese.

# So sehen die Prüfungsseiten aus

## Aufgabe 1

Wählen Sie für **Aufgabe 1** aus zwei Themen **eines** aus.
Danach erhalten Sie die Aufgabenblätter für die Aufgaben 1 und 2.

---

**Thema 1 A:**
**Frische Luft auf hoher See**

Ihre Aufgabe ist es, auf eine Meldung in einer
deutschen Zeitung zu reagieren.

Sie sollen sich dazu äußern, was Sie von einem
generellen Rauchverbot halten und wie Sie zu der
Debatte um das Rauchverbot stehen.

---

**Thema 1 B:**
**Basejumping – der letzte Kick**

Ihre Aufgabe ist es, auf eine Meldung im Internet
zu reagieren.

Sie sollen sich dazu äußern, was die Faszination
an gefährlichen Sportarten ausmacht und wie
man damit umgehen sollte.

---

## Aufgabe 1 A

In einer deutschen Zeitung lesen Sie folgende Meldung:

### Frische Luft auf hoher See

Das Rauchverbot macht auch vor Kreuzfahrtschiffen nicht halt und Raucher müssen in Zukunft auch auf hoher See an die frische Luft, um ihrem Laster zu frönen. Die meisten Kreuzfahrtunternehmen haben einen bestimmten Bereich im Freien, ein so genanntes „Raucherdeck" eingeführt, in dem sich Raucher aufhalten und rauchen dürfen. In den Innenräumen der Flotten wurden die Glimmstängel jedoch gänzlich verboten. Einige Unternehmen waren zudem noch strikter und haben das Rauchen gleich ganz von ihren Schiffen verbannt. Damit folgen die Unternehmen den europaweiten Bemühungen zum Schutz der Nichtraucher.

Schreiben Sie als Reaktion auf diese Meldung an die Online-Redaktion.

Sagen Sie,

ob es in Ihrem Heimatland auch ein Rauchverbot gibt.

was Sie von einem generellen Rauchverbot halten.

worin Vor- und Nachteile solcher Bestimmungen Ihrer Meinung nach bestehen.

wie Sie persönlich dem Rauchen und der Diskussion um das Rauchverbot gegenüberstehen.

**Hinweise:**
Vergessen Sie bitte nicht Anrede und Gruß.
Die Adresse der Internetredaktion brauchen Sie nicht anzugeben.
Für die Beurteilung ist es u.a. wichtig,
– dass Sie alle vier angegebenen Inhaltspunkte berücksichtigt haben,
– dass Sie korrekt schreiben,
– dass Sie Sätze und Abschnitte sprachlich gut miteinander verknüpfen.

Schreiben Sie mindestens 180 Wörter.

## Aufgabe 1 B

Im Internet lesen Sie folgende Meldung:

### Basejumping – der letzte Kick

Den Tod im Nacken und die Polizei auf den Fersen, so machen sich Basejumper mit ihren gepackten Fallschirmen auf den Weg Richtung Dach. Es spielt dabei keine Rolle, ob es ein Denkmal, ein Wohnhaus oder Bürogebäude ist. Die Devise lautet: Je höher, desto besser. Basejumper klettern auf alles, was hoch und möglichst spektakulär ist, um anschließend mit dem Fallschirm auf dem Rücken in die Tiefe zu stürzen. Sie sind süchtig nach dem freien Fall. Aber mindestens genauso reizt sie das Katz-und-Maus-Spielen mit der Polizei. Denn jedes Mal, wenn sich Basejumper von einem Dach stürzen, begehen sie auch Hausfriedensbruch. Genau das macht den Nervenkitzel aus, denn es ist verboten. Verläuft alles nach Plan, sind die Basejumper schon über alle Berge, bis die Polizei eintrifft. Läuft etwas schief, so endet der Sprung auf dem Rücksitz eines Polizeiwagens oder auf dem Friedhof.

Schreiben Sie als Reaktion auf diese Meldung an die Online-Redaktion.

Sagen Sie,

was Sie von dieser Form des Nervenkitzels halten.

ob es in Ihrem Heimatland Basejumping oder etwas Vergleichbares gibt.

wie man mit der Situation umgehen könnte / sollte.

was Sie persönlich von dem Spiel mit dem Verbotenen, aber auch mit dem Tod halten.

**Hinweise:**
Vergessen Sie bitte nicht Anrede und Gruß.
Die Adresse der Internetredaktion brauchen Sie nicht anzugeben.
Für die Beurteilung ist es u. a. wichtig,
– dass Sie alle vier angegebenen Inhaltspunkte berücksichtigt haben,
– dass Sie korrekt schreiben,
– dass Sie Sätze und Abschnitte sprachlich gut miteinander verknüpfen.

Schreiben Sie mindestens 180 Wörter.

# Schriftlicher Ausdruck, Teil 1

## So geht´s

Im Folgenden finden Sie die Lösungsschritte für das Thema 1 A. Selbstverständlich können diese auf das Thema 1 B übertragen werden.

**1. Bearbeitungsschritt**

## Thema wählen

Lesen Sie sich die beiden zur Auswahl stehenden Themen noch einmal durch. Welches von beiden spricht Sie spontan mehr an? Haben Sie persönliche Erfahrungen zu einem der beiden Themen oder kennen Sie jemanden, der davon betroffen ist?

| **Thema 1 A:** **Frische Luft auf hoher See** | **Thema 1 B:** **Basejumping – der letzte Kick** |
|---|---|
| Ihre Aufgabe ist es, auf eine Meldung in einer deutschen Zeitung zu reagieren. | Ihre Aufgabe ist es, auf eine Meldung im Internet zu reagieren. |
| Sie sollen sich dazu äußern, was Sie von einem generellen Rauchverbot halten und wie Sie zu der Debatte um das Rauchverbot stehen. | Sie sollen sich dazu äußern, was die Faszination an der Gefahr ausmacht und wie man damit umgehen sollte. |

**2. Bearbeitungsschritt**

## Vorwissen aktivieren

Was wissen Sie zu dem Thema? Sind Sie vielleicht sogar davon betroffen oder kennen Sie jemanden, der Erfahrungen damit gemacht hat? Notieren Sie, was Ihnen spontan dazu einfällt.

**3. Bearbeitungsschritt**

## Einleitung schreiben

Was sind mögliche Einleitungen für Ihr Schreiben? Notieren Sie mindestens drei verschiedene Sätze:

.....................................................................................................................

.....................................................................................................................

.....................................................................................................................

.....................................................................................................................

.....................................................................................................................

**4. Bearbeitungsschritt**

## Leitpunkte bearbeiten

Was halten Sie von einem generellen Rauchverbot? Notieren Sie Argumente, die Ihrer Meinung nach dafür und dagegen sprechen:

| Pro | Kontra |
|---|---|
|  |  |
|  |  |
|  |  |
|  |  |
|  |  |

◉ Wie steht man in Ihrem Heimatland zum Rauchen allgemein? Gibt es ein generelles oder eingeschränktes Rauchverbot? Wie stehen die Leute dazu? Falls es kein Rauchverbot gibt, wie würden die Leute darauf reagieren? Würden sie sich daran halten?

Notieren Sie sich Stichworte:

..............................................................................................................................................

..............................................................................................................................................

..............................................................................................................................................

..............................................................................................................................................

..............................................................................................................................................

◉ Worin sehen Sie Vor- und Nachteile solcher Bestimmungen?

| Pro | Kontra |
| --- | --- |
| | |
| | |
| | |
| | |
| | |

◉ Wie stehen Sie persönlich zum Rauchen? Rauchen Sie selbst? Gibt es Situationen, in denen Sie Rauch oder Raucher stören? Wie sähe Ihre eigene Regelung aus? Machen Sie sich Notizen:

..............................................................................................................................................

..............................................................................................................................................

..............................................................................................................................................

..............................................................................................................................................

## Der Schluss

5. Bearbeitungsschritt

◉ Überlegen Sie sich einen passenden Schlusssatz:

..............................................................................................................................................

..............................................................................................................................................

..............................................................................................................................................

..............................................................................................................................................

# Schriftlicher Ausdruck, Teil 1

**6. Bearbeitungsschritt**

### Gliederung

➲ Überlegen Sie, wie Sie den Text aufbauen und in welcher Reihenfolge Sie die vier Leitpunkte abhandeln wollen. Halten Sie sich beim Aufbau an folgende Struktur:

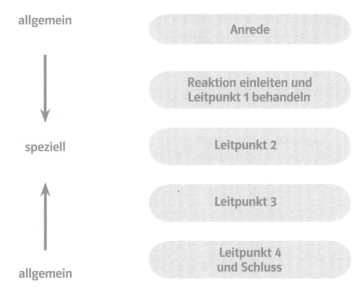

allgemein

Anrede

Reaktion einleiten und Leitpunkt 1 behandeln

speziell

Leitpunkt 2

Leitpunkt 3

Leitpunkt 4 und Schluss

allgemein

**7. Bearbeitungsschritt**

### Text schreiben

➲ Schreiben Sie nun Ihre Reaktion auf die Meldung. Achten Sie auf den Textaufbau und die Verknüpfung Ihrer Sätze.

**8. Bearbeitungsschritt**

### Text korrigieren

➲ Korrigieren Sie Ihren Text anhand der folgenden Punkte:

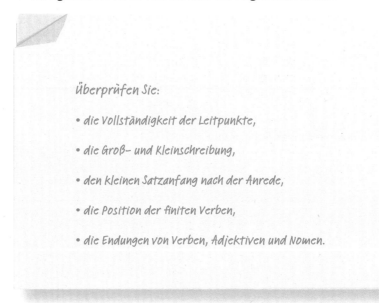

Überprüfen Sie:

• die Vollständigkeit der Leitpunkte,

• die Groß- und Kleinschreibung,

• den kleinen Satzanfang nach der Anrede,

• die Position der finiten Verben,

• die Endungen von Verben, Adjektiven und Nomen.

Ein Freund von Ihnen, der sich ebenfalls auf die Prüfung vorbereitet, hat bereits einen Brief zu diesem Thema geschrieben und bittet Sie, diesen zu lesen und zu überarbeiten.

**Bewerten Sie den Text nach den folgenden Prüfungskriterien:**

| I Inhaltliche Vollständigkeit | 3 Punkte | 2,5 Punkte | 2 Punkte | 1 Punkt | 0 Punkte |
|---|---|---|---|---|---|
| Inhaltspunkte schlüssig und angemessen dargestellt | alle Inhaltspunkte | drei Inhaltspunkte | zwei Inhaltspunkte | Inhaltspunkte sind nur ansatzweise behandelt, an mehreren Stellen unklar | Thema verfehlt |
| **II Textaufbau + Kohärenz** | **4 Punkte** | **3 Punkte** | **2 Punkte** | **1 Punkt** | **0 Punkte** |
| Gliederung des Textes Konnektoren Kohärenz | liest sich sehr flüssig | liest sich noch flüssig | stellenweise guter Aufbau, an einigen Stellen sprunghaft | Aneinanderreihung von Sätzen ohne erkennbare Gliederung | durchgängig unlogischer Text |
| **III Ausdrucksfähigkeit** | **4 Punkte** | **3 Punkte** | **2 Punkte** | **1 Punkt** | **0 Punkte** |
| Wortschatzspektrum Wortschatzbeherrschung | sehr gut und angemessen | gut und angemessen | stellenweise gut und angemessen | in ganzen Passagen nicht angemessen | in großen Teilen völlig unverständlich |
| **IV Korrektheit** | **4 Punkte** | **3 Punkte** | **2 Punkte** | **1 Punkt** | **0 Punkte** |
| Morphologie Syntax Orthografie + Interpunktion | kaum feststellbare Fehler | einige deutliche Fehler, die das Verständnis aber nicht beeinträchtigen | einige Fehler, die den Leseprozess stellenweise behindern | unzählige Fehler, die das Verständnis erheblich stören | unzählige Fehler, die das Verständnis unmöglich machen |

# Schriftlicher Ausdruck, Teil 1

- Was fehlt? Nummerieren Sie die Leitpunkte im Text.
- Was würden Sie an dem Text ändern?

*Einleitung fehlt: z. B. „Ich schreibe Ihnen, um Bezug zu nehmen auf Ihren Artikel „Frische Luft auf hoher See".".*

Liebe Redaktion,

ich rauch selber und muss sagen, heutzutage ist es nicht einfach, einen Ort zu finden, an dem man rauchen darf. Nichtraucher sind überall. Rauchen kann man fast nur noch im Gehen. Es anstrengend ist, die Regeln immer zu befolgen.

In meinem Heimatland es gibt diese Regeln nicht. Viele Leute rauchen. Man kann überall rauchen, im Restaurant, beim Einkaufen, im Büro. Die Nichtraucher beschwert sich nicht. Es gibt nicht so viele Nichtraucher. Fast alle raucht. Viele fangen schon als Teenager mit dem Rauchen an. Die Großeltern rauchen, die Eltern rauchen. Die Kinder rauchen, nicht vor den Eltern, aber sie rauchen.

Jeder kann selber entscheiden, ob er will rauchen oder nicht. Ich denke, so sollte auch jeder entscheiden, wo er rauchen will oder nicht.

Freundliche Grüße

Ümit Aksu

➡ Überarbeiten Sie nun den Text. Vergleichen Sie den Text anschließend mit dem Modelltext im Lösungsteil.

# Schriftlicher Ausdruck, Teil 2

## Beschreibung des Prüfungsteils

### Was bekommen Sie?

◉ Sie erhalten:

– ein Aufgabenblatt mit einem kurzen Brief,
– einen Antwortbogen, der den gleichen fehlerhaften Brief enthält.

Beide Vorlagen erhalten Sie zusammen mit dem Schriftlichen Ausdruck 1 (= Rückseite).

### Was sollen Sie tun?

◉ Sie sollen im Brief zehn Fehler finden und korrigieren.

### Was müssen Sie können, um diese Aufgabe zu lösen?

◉ Für diese Aufgabe benötigen Sie gute Kenntnisse von Wortschatz und Grammatik, denn Sie müssen:

– die Fehler erkennen können,
– die Fehler korrigieren.

### Dauer

◉ Für die Lösung dieses Aufgabenteils haben Sie ca. 15 Minuten Zeit.

### Wie wird diese Aufgabe bewertet?

◉ Für jeden verbesserten Fehler erhalten Sie einen Punkt. Sie können also ein Maximum von zehn Punkten erreichen.

**Überblick Schriftlicher Ausdruck, Aufgabe 2**

|  | Prüfungsziele | Text-arten | Vorlagen | Aufgaben-typ | Aufgaben-zahl | Punkte |
|---|---|---|---|---|---|---|
| **SA 2** | Überprüfung der Kenntnisse von Grammatik, Wortbildung und Wortbedeutung | Brief | • Aufgabenblatt mit dem Brief <br> • Antwortbogen | Fehler-korrektur | 10 | 10 |

In den folgenden Abschnitten lernen Sie, wie Sie bei der Lösung dieser Aufgabe Schritt für Schritt vorgehen können.

# Schritt für Schritt zur Lösung

❀ In dem Brief, den Sie als Vorlage erhalten, gibt es zehn Fehler, die Sie korrigieren sollen.

1. Bearbeitungsschritt

## Fehler lokalisieren und markieren

❀ Um die Fehler korrigieren zu können, müssen Sie diese zuerst finden. Konzentrieren Sie sich daher in diesem ersten Schritt darauf, die Fehler zu lokalisieren.

### So geht's

❀ Lesen Sie den Text und markieren Sie dabei offensichtliche Fehler. Lesen Sie dann den Text nochmals langsam Zeile für Zeile, um die verbleibenden Fehler zu markieren.

### Aufgabe 1

➜ Lesen Sie zuerst die Anrede und die ersten beiden Zeilen des Briefes. Die Fehler sind dort bereits markiert. Verfahren Sie dann analog mit dem verbleibenden Text: Suchen Sie die Fehler und markieren Sie diese im Text.

❀ In der dritten und letzten Zeile des eigentlichen Brieftextes befindet sich kein Fehler.

| | |
|---|---|
| Sehr geehrten Damen und Herren, | 01 .................... |
| | |
| durch einen kürzlich erschienenen Zeitungsartikel ich bin | 02 .................... |
| auf Ihr Institut aufmerksam geworden. Ich habe meine | 16 .................... |
| Studium in England bereits abgeschlossen, | |
| interessiere mir aber für einen Ihrer weiterführenden | 17 .................... |
| Studiengänge und bitte Sie, mir weitere Nachrichten zu | 18 .................... |
| schicken. Können Sie mir Informationen davon geben, | 19 .................... |
| wenn ich eine Aufnahme- oder Sprachprüfung ablegen | 20 .................... |
| muss? Wenn ja, es ist möglich, einen Modelltest zu | 21 .................... |
| bekommen, damit ich mir ein Bild von Schwierigkeitsgrad | 22 .................... |
| machen können? Außerdem möchte ich Sie um einen | 23 .................... |
| Termin für ein persönliche Gespräch bitten, um weitere | 24 .................... |
| Einzelheiten genauer zu besprechen können. Vielen | 25 .................... |
| Dank im Voraus! | |
| | |
| Freundliche Grüße | |
| | |
| Chris Anselm | |

## Fehler bestimmen

Überlegen Sie sich nun, um welche Fehlerart es sich handelt. Wenn Sie keinen Fehler gefunden haben, analysieren Sie den Text Wort für Wort und fragen Sie sich dabei, ob es tatsächlich in der richtigen Form steht.

### So geht's

Folgende Fehler gibt es:

- Fehler in der Form, also z.B. eine falsche Endung, falsche Verbform
- Fehler in der Position, also ein Wort am falschen Platz
- Fehler im Gebrauch, also ein Wort mit anderer Bedeutung

## Aufgabe 2

Schauen Sie sich zuerst die Beispiele an. Bei den ersten Fehlern ist die Fehlerart bereits bestimmt. Analysieren Sie dann den Rest des Briefes.

| | |
|---|---|
| Sehr geehrten Damen und Herren, | **01** *Formfehler* |
| | |
| durch einen kürzlich erschienenen Zeitungsartikel ich bin | **02** *Positionsfehler* |
| auf Ihr Institut aufmerksam geworden. Ich habe meine | **16** |
| Studium in England bereits abgeschlossen, | |
| interessiere mir aber für einen Ihrer weiterführenden | **17** |
| Studiengänge und bitte Sie, mir weitere Nachrichten zu | **18** |
| schicken. Können Sie mir Informationen davon geben, | **19** |
| wenn ich eine Aufnahme- oder Sprachprüfung ablegen | **20** |
| muss? Wenn ja, es ist möglich, einen Modelltest zu | **21** |
| bekommen, damit ich mir ein Bild von Schwierigkeitsgrad | **22** |
| machen können? Außerdem möchte ich Sie um einen | **23** |
| Termin für ein persönliche Gespräch bitten, um weitere | **24** |
| Einzelheiten genauer zu besprechen können. Vielen | **25** |
| Dank im Voraus! | |
| | |
| Freundliche Grüße | |
| | |
| Chris Anselm | |

# Schriftlicher Ausdruck, Teil 2

**Fehler korrigieren**

⚙ Nun geht es an die Feinarbeit. Denn Sie müssen nun die Fehler korrigieren und die Lösungen an den rechten Rand schreiben.

## So geht's

⚙ Um die richtige Form zu finden, können Sie sich an den drei Fehlerkategorien in Schritt 2 orientieren:

- Fehler in der Form → richtige Endung, korrekte Verbform
- Fehler in der Position → Wort vertauschen
- Fehler im Gebrauch → anderes Wort wählen

Im Folgenden finden Sie einige Beispiele für jede der drei Fehlerkategorien.

## Mein Merkzettel

| Fehlerform | Fehler | Beispiel |
|---|---|---|
| Fehler in der Form | falscher Artikel | ~~die~~ Fenster → das |
| | falsche Endung | mit freundlichem Grüßen → mit freundlichen Grüßen |
| | falscher Kasus | Ich rufe ~~Ihnen~~ an. → Ich rufe Sie an. |
| | falsche Verbformen | Er hat … ~~gebrungt~~ → Er hat gebracht. |
| Fehler in der Position | Verbposition | …, daher ~~ich bin~~ → bin ich |
| Fehler im Gebrauch | falsches Wort | ~~Lernst~~ du mich Spanisch? → Lehrst du mich … |
| | falsche Konjunktion | Er wollte wissen, ~~wenn~~ sie kommen kann. → Er wollte wissen, ob … |

## 💡 Tipps und Tricks

Dieser Merkzettel kann Ihnen auch weiterhelfen, wenn Sie in einer Zeile keinen Fehler finden. Suchen Sie diese Zeile dann gezielt nach diesen Fehlerkategorien ab.

## Aufgabe 3

○ Folgend finden Sie die Korrekturen der ersten beiden Fehler.

○ Korrigieren Sie nun den Rest des Briefes.

Sehr <u>geehrten</u> Damen und Herren,

durch einen kürzlich erschienenen Zeitungsartikel <u>ich bin</u>
auf Ihr Institut aufmerksam geworden. Ich habe <u>meine</u>
Studium in England bereits abgeschlossen,
interessiere mir aber für einen Ihrer weiterführenden
Studiengänge und bitte Sie, mir weitere Nachrichten zu
schicken. Können Sie mir Informationen davon geben,
wenn ich eine Aufnahme- oder Sprachprüfung ablegen
muss? Wenn ja, es ist möglich, einen Modelltest zu
bekommen, damit ich mir ein  Bild von Schwierigkeitsgrad
machen können? Außerdem möchte ich Sie um einen
Termin für ein persönliche Gespräch bitten, um weitere
Einzelheiten genauer zu besprechen können. Vielen Dank
im Voraus!

Freundliche Grüße

Chris Anselm

| 01 | _geehrte_ |
| 02 | _bin ich_ |
| 16 | |
| 17 | |
| 18 | |
| 19 | |
| 20 | |
| 21 | |
| 22 | |
| 23 | |
| 24 | |
| 25 | |

## ☼ Tipps und Tricks

Um Zeit zu sparen, können Sie Lösungsschritte zusammenziehen. Schreiben Sie die
Lösung bei offensichtlichen Fehlern gleich an den Rand. Nehmen Sie sich Zeit für die
Sätze, bei denen Sie nicht gleich einen Fehler finden.

## Aufgabe 4

Die Zeit spielt bei diesem Prüfungsteil eine große Rolle. Achten Sie beim Lösen
der folgenden Aufgabe darauf, dass Sie die Zeitvorgabe von 15 Minuten nicht
überschreiten!

Lösen Sie die Aufgabe in den folgenden Schritten:

○ Lesen Sie den Brief und unterstreichen Sie die Fehler. Korrigieren Sie dabei bereits,
was Sie auf Anhieb wissen.

○ Analysieren Sie die Zeilen eingehend anhand der drei Fehlerarten, bei denen Sie
entweder keinen Fehler gefunden haben oder nicht sicher sind, wie Sie den Fehler
korrigieren sollen. Die Tabelle soll Ihnen dabei etwas helfen.

# Schriftlicher Ausdruck, Teil 2

Sehr <u>geehrten</u> Damen und Herren,

ich <u>Ihnen schreibe</u> heute, um mein Erstaunen zu äußern.
Für Jahren komme ich schon in Ihr Restaurant und war bis
jetzt immer von die Qualität Ihres Essens
und vor allem von der Freundlichkeit Ihren Personals
beeindruckt. Gestern erleben wir jedoch eine herbe
Enttäuschung. Die Suppe meinen Begleitung wurde kalt
serviert, bei meinem Salat die Sauce fehlte. Damit jedoch
nicht genug. Bei die Hauptspeise war der Fisch innen noch
roh, das Kalbsfilet dagegen wie Gummi. Für den Nachtisch
wir haben dankend verzichtet, weil die Bedienung
unfreundlich war.

Mit freundlichen Gruß

Philipe Roca

| | |
|---|---|
| **01** | *geehrte* |
| **02** | *schreibe Ihnen* |
| **16** | |
| **17** | |
| **18** | |
| **19** | |
| **20** | |
| **21** | |
| **22** | |
| **23** | |
| **24** | |
| **25** | |

| Zeile | Falsches Wort | Fehlerart | Richtige Form |
|---|---|---|---|
| 01 | geehrten | Formfehler | geehrte |
| 02 | Ihnen schreibe | Positionsfehler | schreibe Ihnen |
| 16 | | | |
| 17 | | | |
| 18 | | | |
| 19 | | | |
| 20 | | | |
| 21 | | | |
| 22 | | | |
| 23 | | | |
| 24 | | | |
| 25 | | | |

# So sehen die Prüfungsseiten aus

**Schriftlicher Ausdruck**
**Dauer: 15 Minuten**

## Aufgabe 2

Ein ausländischer Freund von Ihnen hat einen Brief geschrieben. Da Sie besser Deutsch können, bittet er Sie, diesen zu korrigieren.

Handelt es sich um einen Fehler im Gebrauch oder um einen Fehler in der Form? Schreiben Sie die richtige Form an den Rand (Beispiel 01).

Ist es ein Fehler in der Position? Schreiben Sie das falsch platzierte Wort mit dem Wort, mit dem es vorkommen soll, gemeinsam an den Rand (Beispiel 02).

Anschließend tragen Sie bitte Ihre Lösungen in den Antwortbogen ein (16 – 25).

| | |
|---|---|
| Sehr geehrten Damen und Herren, | 01 _geehrte_ |
| ich wende heute mich mit diesen Zeilen an Sie, weil ich | 02 _mich heute_ |
| sehr verärgert habe. Vor zwei Wochen habe ich bei | 16 ................... |
| Ihnen ein e-Ticket nach Barcelona gekaufen. Zu | 17 ................... |
| meine großen Erstaunen stand ich nun gestern am | 18 ................... |
| Flughafen und war nicht am Computersystem der | 19 ................... |
| Fluggesellschaft als Passagier vorhanden. Ist es nur | 20 ................... |
| die Hilfsbereitschaft und Beharrlichkeit der | 21 ................... |
| Flughafenangestellten zu verdanken, das ich doch noch | 22 ................... |
| einen Platz in den Maschine bekommen habe. Sonst | 23 ................... |
| stände ich noch jetzt im Check-in-Schalter und warten | 24 ................... |
| würde. Ich erwarte eine Stellungnahme von Ihnen und | 25 ................... |
| verbleibe | |
| mit freundlichen Grüßen | |
| Yohany Fernandez | |

# Schriftlicher Ausdruck, Teil 2

## So geht' s

1. Bearbeitungsschritt

### Text lesen und Fehler markieren

➡ Lesen Sie den Text und unterstreichen Sie dabei die Fehler.

2. Bearbeitungsschritt

### Fehlerart bestimmen

➡ Bestimmen Sie nun, um welche Art Fehler es sich handelt:

- Fehler in der Form
- Fehler in der Position
- Fehler im Gebrauch

3. Bearbeitungsschritt

### Fehler korrigieren und an den Rand schreiben

➡ Überlegen Sie, wie Sie den Fehler korrigieren müssen:

- Ist die Endung falsch, das Verb falsch konjugiert?
- Muss die Wortstellung geändert werden?
- Muss ein Wort durch ein anderes ersetzt werden?

➡ Ergänzen Sie dazu die Tabelle.

| Zeile | Falsches Wort | Fehlerart | Richtige Form |
|---|---|---|---|
| 01 | geehrten | Formfehler | geehrte |
| 02 | heute mich | Positionsfehler | mich heute |
| 16 | | | |
| 17 | | | |
| 18 | | | |
| 19 | | | |
| 20 | | | |
| 21 | | | |
| 22 | | | |
| 23 | | | |
| 24 | | | |
| 25 | | | |

4. Bearbeitungsschritt

### Lösung auf den Antwortbogen übertragen

➡ In der Prüfung übertragen Sie nun die Lösungen auf den Antwortbogen. Aus Platzgründen können wir diesen hier nicht abdrucken, aber Sie können Ihre Antworten auf der S. 85 eintragen. Vergewissern Sie sich dabei noch einmal, dass Sie nichts vergessen oder übersehen haben.

# Mündlicher Ausdruck

## Beschreibung dieses Prüfungsteils

### Übergreifendes Prüfungsziel

⚙ Der Prüfungsteil Mündlicher Ausdruck besteht aus zwei Teilen mit unterschiedlichen Aufgaben. Dabei sollen Sie zeigen, dass Sie

- zusammenhängend zu einem vorgegebenen Thema sprechen können,
- Ihre Meinung zu einem Thema vertreten können.

Diese Ziele entsprechen dem Niveau B2 des Gemeinsamen Europäischen Referenzrahmens (GeR).

> Ich kann mich spontan und fließend verständigen, meinen Standpunkt zu einer aktuellen Frage erläutern und Themen differenziert wiedergeben.

### Die Aufgabentypen

**Teil 1 – Aufgabe 1**
Sie erhalten eine Vorlage: ein Aufgabenblatt mit einem kurzen Text und einigen Fragen zur Orientierung.

*Indem Sie zu einem vorgegebenen Thema passende Beispiele anführen und darüber sprechen, zeigen Sie, dass Sie Ihre eigene Meinung äußern können.*

**Teil 2 – Aufgabe 2**
Sie erhalten eine Vorlage: ein Aufgabenblatt mit zwei bis drei Fotos.

> Indem Sie mit Ihrem Gesprächspartner über ein aktuelles Thema diskutieren, zeigen Sie, dass Sie Ihren Standpunkt vertreten, aber auch einen Kompromiss finden können.

# Mündlicher Ausdruck

## Dauer

⚙ Die Dauer der mündlichen Prüfung hängt davon ab, ob Sie die Prüfung allein oder mit einem Gesprächspartner (Paarprüfung) ablegen.

| Mündliche Prüfung | | |
|---|---|---|
| | Einzelprüfung | Paarprüfung |
| Vorbereitungszeit | 10 min | 15 min |
| Prüfungszeit | 10 min | 15 min |

## Bewertung

⚙ In beiden Prüfungsteilen werden folgende Kriterien bewertet:

• Erfüllung der Aufgabenstellung:
  – bei Teil 1 die **Produktion**
  – bei Teil 2 die **Interaktion**

• Kohärenz und Flüssigkeit

• Ausdruck

• Korrektheit

• Aussprache und Intonation

Die maximale Punktzahl beträgt **25 Punkte**.
Teil 1 – maximal 12,5 Punkte
Teil 2 – maximal 12,5 Punkte

Um den Mündlichen Ausdruck zu bestehen, müssen mindestens 15 Punkte erreicht werden.

## Wichtige Hinweise

⚙ Sie haben bei der mündlichen Prüfung eine **Vorbereitungszeit**, die bei der **Einzelprüfung 10 Minuten** und bei der **Paarprüfung 15 Minuten** beträgt.

⚙ Bei diesem Prüfungsteil dürfen Sie kein Wörterbuch oder andere Hilfsmittel benutzen. Sie dürfen sich jedoch Notizen machen.

⚙ Zu Beginn der mündlichen Prüfung findet ein kurzes Gespräch statt, in dem Sie sich vorstellen. Dieses Gespräch wird nicht bewertet.

⚙ Bei Teil 1 der Prüfung handelt es sich um einen **Monolog**. Ihre Sprechzeit beträgt ca. drei Minuten.

⚙ Bei Teil 2 der Prüfung handelt es sich um einen **Dialog**. Die Sprechzeit beträgt hier ca. sechs Minuten.

⚙ Im Falle einer Einzelprüfung übernimmt bei Teil 2 einer der Prüfungsexperten die Rolle des Gesprächspartners.

**TIPP:** Die jeweils letzte Übungsaufgabe zum Mündlichen Ausdruck 1 und zum Mündlichen Ausdruck 2 enthält ein Prüfungsbeispiel als Mitschnitt.

**Überblick über die Prüfungsteile zum Mündlichen Ausdruck:**

|  | **Mündlicher Ausdruck 1** | **Mündlicher Ausdruck 2** |
|---|---|---|
| **Prüfungsziele** | zusammenhängende Äußerung zu einem Thema | Diskussion über ein Thema |
| **Vorlagen** | kurzer Text mit drei Fragen | Anweisungen mit zwei bis drei Fotos |
| **Aufgabentyp** | Monolog | Dialog |
| **Aufgabenzahl** | 1 | 1 |
| **Punkte** | 12,5 | 12,5 |
| **Vorbereitungszeit** | 10 min (Einzelprüfung), 15 min (Paarprüfung) | |
| **Dauer** | 10 min (Einzelprüfung), 15 min (Paarprüfung) | |

## Beschreibung des Prüfungsteils

### Was bekommen Sie?

◌ Sie erhalten

- ein Aufgabenblatt mit einem kurzen Text und drei Fragen.

### Was sollen Sie tun?

◌ Sie sollen

- auf das Thema des Textes reagieren und einen kurzen, gut strukturierten Monolog halten.

### Was müssen Sie können, um diese Aufgabe zu lösen?

◌ Sie müssen

- schnell die wichtigsten Informationen des Texts erfassen,
- diese in einem oder zwei Sätzen zusammenfassen,
- überleiten und eigene passende Beispiele nennen,
- Ihre eigene Meinung zum Thema klar formulieren und gut begründen können.

Ihr Partner / Ihre Partnerin wird ebenfalls einen Monolog halten, aber zu einem anderen Thema.

### Dauer

◌ Ihre Sprechzeit beträgt zwei bis vier Minuten.

### Wie wird diese Aufgabe bewertet?

◌ Im Mündlichen Ausdruck 1 werden Sie nach Ihrer eigenen „Produktion" bewertet, d.h., es wird bewertet, ob Ihr Beitrag ausführlich ist oder nicht. Selbstverständlich wird auch darauf geachtet, ob Sie Ihre Äußerungen fließend und zusammenhängend vortragen. Wichtig sind aber auch Ausdruck, Korrektheit, Aussprache und Intonation.

#### Überblick Mündlicher Ausdruck, Aufgabe 1

|  | Prüfungsziele | Vorlagen | Aufgabentyp | Aufgabenzahl | Punkte |
|---|---|---|---|---|---|
| MA 1 | zusammenhängende Äußerung zu einem Thema | kurzer Text (Zeitungsnotiz) mit drei Fragen | Monolog | 1 | 12,5 |

In den folgenden Abschnitten lernen Sie, wie Sie bei der Lösung dieser Aufgabe Schritt für Schritt vorgehen können.

# Schritt für Schritt zur Lösung

## Hauptaussage des Textes zusammenfassen

1. Bearbeitungsschritt

Im ersten Schritt geht es darum, die wichtigsten Aussagen des Textes zu erkennen und kurz in eigenen Worten wiederzugeben.

### So geht's

Für die Zusammenfassung ist es hilfreich, folgende Fragen zu beantworten:

> WER? WAS? WANN? WO? WIE?
> MIT WEM? oder FÜR WEN / WOFÜR / WOZU?

Wenn Sie Antworten auf diese Fragen haben, können Sie den Text auch zusammenfassen.

🔅 Unterstreichen Sie im folgenden Text die Schlüsselwörter und überlegen Sie sich:

- WER oder WAS?
- WANN?
- WO?

### Beispiel

> ## Schuluniformen
>
> Zwar sind Schuluniformen in vielen Ländern keine Seltenheit, häufig beschränkt sich deren Tragepflicht jedoch auf Privatschulen. Auch in Deutschland ist die Schuluniform an staatlichen Schulen selten. Heute wird das Thema jedoch häufig diskutiert und getestet. Einige wenige staatliche Schulen haben einheitliche Schulkleidung eingeführt. Schulkleidung ist allerdings keine Schuluniform, denn die Schüler dürfen ihre Kleidung mitbestimmen und aus einer Kollektion aussuchen, was sie tragen wollen.

🔅 Der Titel verrät Ihnen meist bereits, worum es geht; in diesem Fall: Schuluniformen. Schlüsselwörter sind z. B.: *Schuluniform – Tragepflicht – Privatschulen - Schulkleidung*

↳ WER trägt also WAS und WO? In Deutschland tragen häufig nur Schüler Schuluniformen, die an eine Privatschule gehen. Andere Schulen haben zwar keine Schuluniformen, jedoch wird an einigen Schulen Schulkleidung getragen.

↳ Was ist der Unterschied zur Uniform? Die Schüler bekommen hier ein Mitspracherecht, denn sie können ihre Kleider aus einer Kollektion zusammenstellen und aussuchen.

**Tipp:** Formulieren Sie den Inhalt der Überschrift in Gedanken in einem eigenen Satz.

🔅 Zeigen Sie bei Ihrer Wiedergabe des Textes auch, dass es sich nicht um Ihre Meinung handelt, sondern um die Meinung des Autors. Hier einige Redemittel, die dies verdeutlichen:

# Mündlicher Ausdruck, Teil 1

> **Redemittel**
>
> Im Text steht …  Ich habe gelesen, dass …
> Der Autor berichtet …  Es geht im vorliegenden Text um …
> Es wird berichtet, dass …  Im Text wird von … und … gesprochen.

> Es werden zwei Modelle vorgestellt: Schuluniformen und Schulkleidung.

> Im vorliegenden Text geht es um Schuluniformen.

## Aufgabe 1

**1.** Lesen Sie den folgenden Text.

### Warnstreiks stoppen Flugzeuge, Bahn und Bus

Massive Warnstreiks haben am Mittwoch den Flugverkehr in Deutschland empfindlich gestört. In manchen Teilen des Landes ging nichts mehr. Viele Maschinen blieben am Boden, Busse und Bahnen in den Depots. Zehntausende Reisende mussten ihre Pläne ändern. Allein bei der Lufthansa blieben 300 Flüge mit zusammen 18 500 gebuchten Passagieren auf dem Boden.

**2.** Beantworten Sie folgende Fragen zum Text.

Um welches Thema handelt es sich?

.....................................................................................................................................

Finden Sie Antworten für

WAS: ...........................................................................................................................

WO: .............................................................................................................................

WIE: ............................................................................................................................

**2. Bearbeitungsschritt**

### Beispiele anfügen

Manchmal – aber nicht immer – stehen bereits im Text Beispiele. Führen Sie auf jeden Fall eigene Beispiele an. Am besten greifen Sie auf persönliche Erfahrung zurück, denn dazu haben Sie einen schnellen Zugang.

### So geht's

Gehen Sie zurück zum Ausgangsbeispiel der Schuluniformen. Sie haben den Text bereits gelesen und die Kerninformationen zusammengefasst.

⚬ Sie wissen also, worum es in dem Text geht. Nun geht es darum, Beispiele anzufügen.

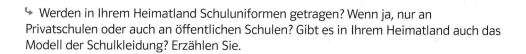

↳ Werden in Ihrem Heimatland Schuluniformen getragen? Wenn ja, nur an Privatschulen oder auch an öffentlichen Schulen? Gibt es in Ihrem Heimatland auch das Modell der Schulkleidung? Erzählen Sie.

> **Redemittel**
>
> In meinem Heimatland …      Als Beispiel kann man … nennen.
> Bei mir zu Hause …      Ein anderes Beispiel ist …
> Das möchte ich durch das folgende      Beispielsweise …
> Beispiel verdeutlichen.

> In meinem Heimatland … spricht man nur von Schuluniformen. Es gibt jedoch einen Unterschied zwischen privaten und staatlichen Schulen. An Privatschulen sind die Vorschriften in der Regel strenger. An staatlichen Schulen entspricht das Modell eher der Schulkleidung. Häufig sind nur die Farben vorgeschrieben.

## Aufgabe 2

➡ Lesen Sie den folgenden Text.

> ### Kampf der Spielsucht
>
> Sucht hat viele Formen. Dabei spielt das Internet eine immer größere Rolle. Wirklichen Schutz, vor allem für Kinder und Jugendliche, gibt es jedoch nicht wirklich. Nun sollen Süchtige durch Gruppentherapien unterstützt werden. In China hat man bereits etwas getan: Wer online an Computerspielen im Internet teilnimmt, muss sich registrieren lassen. Minderjährige dürfen dort nur noch drei Stunden täglich bei Onlinespielen mitmachen, sonst verlieren sie ihr virtuelles Vermögen, dass sie sich erspielt haben.

- Thema des Textes:

.................................................................................................................

- Welche Beispiele nennt der Text?

.................................................................................................................
.................................................................................................................

– Welche eigenen Beispiele fallen Ihnen ein?

..............................................................................................................................

..............................................................................................................................

..............................................................................................................................

3. Bearbeitungsschritt

## Die eigene Meinung äußern

Sie sollen sich nun selbst zum Thema äußern. Kennzeichnen Sie das, indem Sie dabei folgende Redemittel benutzen. Zeigen Sie, dass Sie Aspekte auch verschieden sehen können.

### Redemittel

Meiner Meinung nach …
Ich glaube / meine / finde / denke …
Meiner Erfahrung nach …
Ich habe erlebt, dass …
Ich kann mir vorstellen, dass …

Einerseits … andererseits …
Zwar … aber …
Im Gegensatz zu …
Im Vergleich zu …

### So geht's

Nun geht es abermals zurück zum Ausgangsbeispiel der Schuluniformen.

⚙ Nun ist Ihre Meinung gefragt: Was halten Sie von dem Thema Schuluniformen? Berichten Sie von Ihren persönlichen Erfahrungen. Erarbeiten Sie dazu auch eine Liste von Vor- und Nachteilen. So können Sie Ihre Meinung differenziert darstellen.

✎ Mussten Sie in der Schule eine Uniform tragen? Wenn nicht, hätten Sie gerne eine getragen? Wo sehen Sie Vor- und Nachteile von Schuluniformen? Macht es einen Unterschied, ob man eine Schuluniform oder Schulkleidung trägt?

> Ich musste nie eine Schuluniform tragen. Meines Erachtens haben Schuluniformen sowohl Vor- als auch Nachteile.

> An unserer Schule war das Tragen einer Uniform Pflicht. Ein großer Vorteil war sicher, dass ich mir nie Gedanken darüber machen musste, was ich anziehen soll.

> Die Schuluniform hebt optisch auch soziale Unterschiede auf.

## Aufgabe 3

➲ Lesen Sie den folgenden Text.

### E-Learning

E-Learning, also elektronisch unterstütztes Lernen, bietet viele Vorteile. Die Lernenden sind räumlich und zeitlich unabhängig, d. h., die Schüler müssen nicht zu einer bestimmten Zeit in einem Klassenzimmer sitzen, sondern können ihre Zeit und den Ort des Lernens selbst wählen. Viele können so nebenbei in ihrem Beruf arbeiten. Trotzdem kann diese Form des Lernens die traditionellen Bildungsformen nicht ersetzen.

➲ Was spricht für den traditionellen Unterricht im Klassenzimmer, was für das Lernen am Computer? Erstellen Sie eine Liste:

| PRO E-Learning | KONTRA E-Learning |
|---|---|
| | |
| | |

➲ Was sind Ihre Erfahrungen mit E-Learning? Bevorzugen Sie traditionellen Unterricht? Unterhalten Sie sich mit Ihrem Lernpartner.

## So sehen die Prüfungsseiten aus

**Mündliche Prüfung**

**Aufgabe 1**

**Kandidat/in 1**

### Spätes Mutterglück

Frauen, die mit über 40 Jahren ihr erstes Kind bekommen, sind nicht mehr selten. Vor allem Frauen, die studieren, wollen oft erst Kinder, wenn sie die Ausbildung abgeschlossen und sich eine Karriere erarbeitet haben. Ältere Mütter ohne qualifizierte Ausbildung sind dagegen häufiger Frauen, die lange vergeblich versucht haben, schwanger zu werden, erläutert die Soziologin Dorothea Krüger von der Universität Hildesheim.

Präsentieren Sie Ihrem Gesprächspartner/Ihrer Gesprächspartnerin Thema und Inhalt des Artikels. Nehmen Sie kurz persönlich Stellung:

Welche Aussage enthält die Meldung?

Welche Beispiele fallen Ihnen dazu ein?

Welche Meinung haben Sie dazu?

Sprechen Sie circa drei Minuten.

## So geht's

### Hauptaussagen des Textes zusammenfassen

1. Bearbeitungsschritt

➲ Unterstreichen Sie die Schlüsselwörter im Text.

➲ Beantworten Sie folgende Fragen:

WER: ............................................................................................................................

WAS: ............................................................................................................................

WARUM: .......................................................................................................................

Fassen Sie anschließend den Text in ein paar Sätzen zusammen.

...............................................................................................................................

...............................................................................................................................

...............................................................................................................................

...............................................................................................................................

### Beispiele anfügen

2. Bearbeitungsschritt

➲ Welche Beispiele nennt der Text?

...............................................................................................................................

...............................................................................................................................

...............................................................................................................................

➲ Nennen Sie eigene Beispiele:

...............................................................................................................................

...............................................................................................................................

...............................................................................................................................

➲ Was spricht für ältere Mütter, was dagegen? Tragen Sie in die Liste ein:

| PRO spätes Mutterglück | KONTRA spätes Mutterglück |
|---|---|
|  |  |
|  |  |
|  |  |

**3. Bearbeitungsschritt**

### Die eigene Meinung äußern

⊘ Welche Meinung haben Sie zu diesem Thema? Äußern Sie sich differenziert.

#### 💡 Tipps und Tricks

Die Prüfer/innen achten bei Ihrem Vortrag natürlich auf einen korrekten Vortrag. Ebenfalls wichtig sind aber noch zwei andere Punkte, nämlich die Flüssigkeit, d.h. das Sprechtempo Ihres Vortrags und die Kohärenz, d.h. der logische Aufbau.

1. Flüssigkeit:

Sie sollten den Vortrag in einem normalen Sprechtempo halten. Wenn Ihnen aber doch einmal die Worte fehlen, dann gibt es folgende Tricks, die Ihnen weiterhelfen:

- wiederholen Sie noch einmal, was Sie gesagt haben,
- benutzen Sie Sätze wie z.B. *Was ich damit sagen möchte, ist. , … / Meiner Ansicht nach kann man das Problem folgendermaßen sehen gew.* Dies gibt Ihnen Zeit, über den Anschluss nachzudenken.

2. Kohärenz:

Der logische Aufbau Ihres Vortrags sollte klar zu verstehen sein. Benutzen Sie gliedernde Wörter wie: erstens, zweitens, … Im Anschluss nun … Zum Schluss möchte ich …

Sie sollten Hauptsätze miteinander verknüpfen, indem Sie Konnektoren (→ S. 144) benutzen. Auch damit machen Sie den logischen Zusammenhang Ihres Vortrags deutlich.

Überlegen Sie sich zum Thema „Spätes Mutterglück" folgende Punkte:

- Haben Sie gliedernde Wörter für Ihren Aufbau verwendet?

.................................................................................................................................

.................................................................................................................................

.................................................................................................................................

- Notieren Sie sich Konnektoren, mit denen Sie Ihre Sätze verbinden können:

.................................................................................................................................

.................................................................................................................................

Halten Sie nun Ihren Vortrag mit Hilfe Ihrer Notizen. Wenn Sie keinen Lernpartner/ keine Lernpartnerin haben, dann können Sie den Vortrag auch aufnehmen und ihn sich dann noch einmal anhören. Beachten Sie auch die Zeit: Sprechen Sie wirklich zwei bis vier Minuten?

# So sehen die Prüfungsseiten aus

**Mündliche Prüfung**

## Aufgabe 1

**Kandidat/in 2**

> Väter und Beruf
>
> Immer mehr Männer übernehmen engagiert ihre Vaterrolle und wollen mehr als nur Ernährer sein. Der Sohn ist krank, die Mutter muss zu einer Schulung, dann bleibt der Vater daheim. Immer mehr Männer überprüfen sensibel ihre eigene Rolle und stellen sich bewusst die Frage nach der Balance zwischen Beruf und Familie.

Präsentieren Sie Ihrem Gesprächspartner / Ihrer Gesprächspartnerin Thema und Inhalt des Artikels. Nehmen Sie kurz persönlich Stellung:

- Welche Aussage enthält die Meldung?
- Welche Beispiele fallen Ihnen dazu ein?
- Welche Meinung haben Sie dazu?

Sprechen Sie circa 3 Minuten.

**So geht's**

## Hauptaussagen des Textes zusammenfassen

➜ Welche Stichworte fallen Ihnen zu diesem Thema ein? Vervollständigen Sie.

➜ Unterstreichen Sie die Schlüsselwörter im Text.

➜ Beantworten Sie folgende Fragen:

WER: .......................................................................................................................................................

WAS: .......................................................................................................................................................

WARUM: ................................................................................................................................................

Fassen Sie anschließend den Text in ein paar Sätzen zusammen.

## Beispiele anfügen

➜ Welche Beispiele nennt der Text?

...................................................................................................................................................................

...................................................................................................................................................................

➜ Nennen Sie eigene Beispiele:

...................................................................................................................................................................

...................................................................................................................................................................

➜ Was spricht für den karriereorientierten Vater, was für den familienorientierten Vater? Tragen Sie in die Liste ein:

| karriereorientiert | familienorientiert |
|---|---|
|  |  |

## Die eigene Meinung äußern

➜ Was sind Ihre Erfahrungen mit diesem Thema? Unterhalten Sie sich mit Ihrem Lernpartner / Ihrer Lernpartnerin.

11 🎧 **Hinweis:** Auf der CD zum Hörverstehen finden Sie diese Aufgabe als Prüfungs-mitschnitt. Einen Kommentar zur Aufnahme finden Sie im Lösungsteil.

# Mündlicher Ausdruck, Teil 2

## Beschreibung des Prüfungsteils

### Was bekommen Sie?

◌ Sie erhalten

– ein Aufgabenblatt mit zwei bis drei Fotos.

### Was sollen Sie tun?

◌ Sie sollen sich mit Ihrem Partner / Ihrer Partnerin auf ein Bild einigen. Dazu sollen Sie Folgendes tun:

– Wählen Sie ein Bild aus und begründen Sie Ihre Wahl.
– Diskutieren Sie mit Ihrem Partner / Ihrer Partnerin darüber.
– Treffen Sie dann gemeinsam eine Entscheidung für ein Bild.

### Was müssen Sie können, um diese Aufgabe zu lösen?

◌ Sie müssen

– korrekt und deutlich sprechen können,
– Ihre Sätze verknüpfen können,
– für Ihre Wahl argumentieren, aber schließlich auch
– einen Kompromiss eingehen können.

### Dauer

◌ Ihre Sprechzeit beträgt ca. 6 Minuten.

### Wie wird diese Aufgabe bewertet?

◌ Im Mündlichen Ausdruck 2 werden Sie nach der *Interaktion* bewertet, d. h., die Prüfer achten darauf, wie aktiv Sie sind und wie Sie auf Ihren Partner reagieren. Selbstverständlich achten die Prüfer auch hier auf flüssige und zusammenhängende Äußerungen wie auch auf differenzierten Wortschatz, Korrektheit, Aussprache und Intonation.

#### Überblick Mündlicher Ausdruck, Aufgabe 2

|  | Prüfungsziele | Vorlagen | Aufgabentyp | Aufgabenzahl | Punkte |
|---|---|---|---|---|---|
| MA 1 | Diskussion über ein Thema | Anweisungen mit zwei bis drei Fotos | Dialog | 1 | 12,5 |

**Tipp:** Am besten bereiten Sie sich auf diese Aufgabe mit einem Lernpartner / einer Lernpartnerin vor.

In den folgenden Abschnitten lernen Sie, wie Sie bei der Lösung dieser Aufgabe Schritt für Schritt vorgehen können.

# Mündlicher Ausdruck, Teil 2

## Schritt für Schritt zur Lösung

In diesem Teil der Prüfung bekommen Sie eine Aufgabe, bei der Sie gemeinsam mit Ihrem Partner / Ihrer Partnerin eins von mehreren Fotos auswählen sollen.

**1. Bearbeitungsschritt**

### Bildauswahl

Sie müssen sich für ein Bild entscheiden, dass Ihrer Meinung nach am besten zur Aufgabe passt. Schauen Sie sich alle Bilder genau an und überlegen Sie, was *für* bzw. *gegen* ein Bild spricht.

### So geht's

Machen Sie sich während der Vorbereitungszeit zu jedem Bild Gedanken. Welche Argumente gibt es *für* ein Bild, welche *dagegen*? Machen Sie sich Notizen. Diese Argumente brauchen Sie später im Gespräch, denn Sie müssen begründen, warum das von Ihnen gewählte Bild für die Aufgabe am besten geeignet ist.

Hinweis: Wenn Sie im Gespräch als Zweiter sprechen und Ihr Mitkandidat bereits „Ihr" Foto gewählt hat, so plädieren Sie für ein anderes Bild. Es ist also wichtig, dass Sie sich Pro und Kontra für *alle* Fotos überlegen.

**Beispiel**
Für einen Beitrag in der Lokalzeitung über „Das Klima am Arbeitsplatz" sollen Sie eines der unten abgebildeten Fotos auswählen.

↳ Was spricht für das erste Bild, was für das zweite? Was spricht dagegen?

↳ Schlüsselwörter für die Bilder wären:

| Bild links: | Bild rechts: |
|---|---|
| Gruppenarbeit, gemeinsam stark sein | überarbeitet sein, gestresst sein, allein sein |
| aber auch Kontrolle, Hierarchien | aber auch ein Problem anpacken und es meistern |

**Tipp:** Vergessen Sie nicht den Bezug zum Thema herzustellen.

Kandidat 1

> Ich bin für das erste Bild, da es Teamarbeit zeigt.

> Das zweite Bild finde ich dagegen sehr pessimistisch.

Kandidat 2

Ich bin für das zweite Bild, da es typisch für die Situation vieler Mitarbeiter ist.

Das erste Bild finde ich eher nichtssagend.

## Redemittel pro
Ich bin für …
Positiv ist nicht nur …, sondern auch…
Der Vorteil liegt ganz klar in …
Ein Pluspunkt ist, dass …
Ich finde auch gut / wichtig, dass …

## Redemittel kontra
Ich bin gegen …
Der Nachteil ist, dass …
Ich finde es nicht gut, dass …

Trotz der positiven Argumente für Bild eins, bin ich für Bild zwei.

Aber das ist doch so negativ!

Aber das ist bei vielen Mitarbeitern doch gerade der Fall. Sie sind unzufrieden und frustriert.

Gehen Sie nun zurück zu den beiden Bildern im Beispiel. Entscheiden Sie sich für ein Bild. Arbeiten Sie nach Möglichkeit mit einem Lern- oder Gesprächspartner und begründen Sie die Wahl der Bilder.

## Aufgabe 1

Das in der Prüfung gestellte Thema lautet „Der ideale Wohnort". Diese Bilder stehen zur Auswahl:

➜ Entscheiden Sie sich für eines der beiden Bilder. Erstellen Sie nun eine Liste mit möglichst vielen Vorteilen, die für Ihr Bild sprechen, aber auch eine mit möglichst vielen Nachteilen, die gegen das von Ihnen gewählte Bild sprechen.

**Tipp:** Wenn Sie die Wahl Ihres Bildes begründen, nennen Sie nicht alle Argumente! Sie brauchen noch welche für den nächsten Schritt.

| Pro | Kontra |
| --- | --- |
| | |
| | |
| | |
| | |
| | |

**2. Bearbeitungsschritt**

## Entscheidung verteidigen

⚙ Ihr Gesprächspartner / Ihre Gesprächspartnerin hat – wie Sie auch – ein Bild gewählt und wird Ihren Vorschlag zunächst ablehnen. Verteidigen Sie Ihren Vorschlag. Wenn Sie sich mögliche negative Aspekte zu Ihrer Bildwahl überlegen, wird Ihnen dies helfen, Gegenargumente für die Argumente Ihres Gesprächspartners zu finden.

## So geht's

Sie haben die Wahl Ihres Bildes begründet. Nun widerspricht Ihnen Ihr Mitkandidat oder einer der Experten. Kontern Sie! Nennen Sie weitere Argumente für Ihre Entscheidung.

↳ Sie können durchaus sagen, dass Sie die Argumente Ihres Partners verstehen, widersprechen Sie dann jedoch. Was spricht weiter für „Ihr" Bild? Führen Sie Beispiele an.

### Beispiel

Spielen Sie die Situation mit Ihrem Partner anhand des eingangs gestellten Beispiels „Klima am Arbeitsplatz" durch. Folgend finden Sie einige Redemittel, die Ihnen dabei helfen können:

## Redemittel zum Widersprechen

Ich verstehe Ihr Argument, aber ich finde, dass …

Was Sie sagen, ist interessant, aber …

Da muss ich Ihnen widersprechen.

Damit bin ich nicht einverstanden.

Das finde ich nicht, im Gegenteil, …

Das sehe ich nicht so. …

Ich bin nicht Ihrer Meinung, denn …

Ich bin nach wie vor davon überzeugt, dass …

Ich verstehe Ihr Argument, aber wäre es nicht besser, den positiven Teamaspekt zu unterstreichen, nach dem Motto: Gemeinsam sind wir stark?

Aber genau das ist doch oft nicht der Fall. Darum bleibe ich bei Bild zwei. Es zeigt die Überarbeitung des Mitarbeiters und macht auf ein aktuelles Problem aufmerksam.

### Aufgabe 2

Ihre Aufgabe lautet, ein Bild für einen Bericht zum Thema „Die moderne Familie"
auszuwählen. Sie haben sich für dieses Bild entschieden:

➡ Notieren Sie sich Argumente, die für das Bild sprechen, überlegen Sie sich jedoch
auch Punkte, die gegen Ihre Wahl sprechen. Denn diese werden wahrscheinlich von
Ihrem Gesprächspartner / Ihrer Gesprächspartnerin vorgebracht.

| Pro | Contra |
| --- | --- |
| | |
| | |
| | |
| | |

➡ Nun ist Ihr Partner / Ihre Partnerin nicht Ihrer Meinung und widerspricht Ihnen:

> Ich kann deine Wahl
> nicht verstehen.
> Ich sehe hier keine
> moderne Familie.

➡ Versuchen Sie ihn / sie mit Gegenargumenten zu überzeugen. Erstellen Sie dazu
eine Liste mit möglichen Argumenten:

## Kompromiss finden

Kommen Sie am Ende zu einer Entscheidung. Einigen Sie sich auf ein Bild.

### So geht's

❋ Bleiben Sie nicht stur bei Ihrer Meinung. Nähern Sie sich Ihrem Gesprächspartner / Ihre Gesprächspartnerin an, um einen Kompromiss zu finden.

**Beispiel**

Gehen Sie zurück zum Beispiel „Klima am Arbeitsplatz". Können Sie sich auf ein Bild einigen? Finden Sie gemeinsam eine Lösung und ergänzen Sie weitere Redemittel in der untenstehenden Liste.

> ### Redemittel
>
> Ich kann Ihr Argument sehr gut verstehen. Dennoch finde ich, … Was meinen Sie dazu?
> Was halten Sie von …?
> Ich sehe die Vorteile. Mögliche Nachteile sind jedoch … Was meinen Sie?
> Können wir uns darauf einigen, dass …

## Aufgabe 3

➲ Ihre Aufgabe lautet, ein Bild für einen Artikel zum Thema „Fußballfieber" auszuwählen. Folgende Bilder stehen zur Auswahl:

⊙ Arbeiten Sie wiederum mit einem Gesprächspartner / einer Gesprächspartnerin. Welches der beiden Bilder ist wohl repräsentativer? Finden Sie gemeinsam eine Lösung.

## 💡 Tipps und Tricks

Dieser Teil der Mündlichen Prüfung ist eine Paarprüfung. Dabei müssen Sie folgende Aspekte beachten:

**1. Interaktion:**
Reden Sie nicht allein vor sich hin, sondern beziehen Sie Ihren Partner / Ihre Partnerin ein. Stellen Sie ihm / ihr Fragen wie: *Was denken Sie darüber? Ist das auch Ihre Meinung?*

**2. Reaktion:**
Beziehen Sie sich bei Ihren Äußerungen auf das, was Ihr Partner / Ihre Partnerin gesagt hat, z. B.: *Ich kann Ihre Meinung verstehen, ich persönlich denke aber, …*
Achten Sie darauf, dass Sie die Sätze logisch miteinander verbinden (→ Konnektoren, S. 144).

⚙ Nehmen Sie zur Vorbereitung ein Gespräch auf und kontrollieren Sie dann beim Hören, ob Sie wirklich Ihren Partner zu Wort kommen lassen und ob Sie auf seine Argumente reagieren.

**Tipp:** Das können sie auch tun, wenn Sie nicht mehr weiter wissen: Fragen Sie Ihren Nachbarn.

# So sehen die Prüfungsseiten aus

**Mündliche Prüfung**
**Kandidat/-in 1 und 2**

**Aufgabe 2**
Für einen Beitrag in der Studentenzeitung über „Klassische Urlaubsaktivitäten"
sollen Sie eines der unten abgebildeten Fotos auswählen.

– Machen Sie einen Vorschlag und begründen Sie ihn.

– Widersprechen Sie Ihrem Gesprächspartner / Ihrer Gesprächspartnerin.

– Kommen Sie am Ende zu einer Entscheidung.

**Lösen Sie dazu folgende Aufgaben:**

**1. Bearbeitungsschritt**

## Auswahl der Bilder

➔ Überlegen Sie sich Pro und Kontra für jedes Bild.

| Pro | Kontra |
| --- | --- |
| | |
| | |
| | |
| | |

| Pro | Kontra |
| --- | --- |
| | |
| | |
| | |
| | |

| Pro | Kontra |
| --- | --- |
| | |
| | |
| | |
| | |

➔ Wählen Sie ein Bild aus und begründen Sie Ihre Wahl. Unterhalten Sie sich mit Ihrem Gesprächspartner / Ihrer Gesprächspartnerin. Einer von Ihnen vertritt bei je einem Bild die Pro-Seite, der andere die Kontra-Seite. Widersprechen Sie.

**2. Bearbeitungsschritt**

## Bildwahl verteidigen

Widersprechen Sie Ihrem Partner / Ihrer Partnerin und verteidigen Sie Ihre Entscheidung.

**3. Bearbeitungsschritt**

## Einen Kompromiss finden

Versuchen Sie schließlich einen Kompromiss zu finden und einigen Sie sich auf ein Bild.

12 🎧 **Hinweis:** Auf der CD finden Sie auch diese Aufgabe als Prüfungsgespräch.

# Wortschatz

## Inhalt des Kapitels

Die Prüfungsthemen des Goethe-Zertifikats B2 sind eher allgemeiner Natur und können sehr vielfältig sein. Sie finden in diesem Kapitel Texte und Übungen zu zehn prüfungsrelevanten Themen:

1 Persönliches

2 Eigenschaften – Personen beschreiben

3 Zusammenleben der Generationen

4 Mobilität

5 Neue Medien

6 Gesundheit und Vorsorge

7 Konsum

8 Sprache

9 Wissenschaft

10 Prima Klima?

Texte und Übungen können Sie nutzen, um Ihren Wortschatz zu erweitern. Einige Aufgaben sind den Aufgabenformen der B2-Prüfung angepasst, so dass Sie sich auch hier gezielt auf die Prüfung vorbereiten können.

# Wortschatz

## 1. Persönliches

⚙ Zu Beginn der mündlichen Prüfung müssen Sie sich kurz vorstellen: Dabei sollten Sie etwas mehr über sich sagen können als nur Namen, Alter und Herkunft. Sagen Sie auch, was Sie hier in Deutschland machen wollen und warum Sie Deutsch lernen. Hier finden Sie einige typische Prüferfragen.

**1.** Suchen Sie in den folgenden Portraits Redemittel, mit denen Sie sich selbst vorstellen können. Notieren Sie die Redemittel im Kasten unten.

> Guten Tag. Können Sie sich bitte kurz vorstellen?

„Ich heiße Cristina, komme aus Madrid und lebe seit zwei Jahren in Frankfurt, denn ich habe hier eine Arbeit gefunden: Ich bin ausgebildete Bankkauffrau und bin jetzt bei einer großen Firma im Finanzwesen tätig."

„Mein Name ist Hüseyin Dogan, ich bin gebürtiger Türke, lebe aber seit meinem zweiten Lebensjahr in Frankreich. Ich beabsichtige, mich im kommenden Jahr für Germanistik einzuschreiben, dafür benötige ich aber sehr gute Deutschkenntnisse."

„Ich bin Carla Villa-Lobos und stamme aus Brasilien, aus einer kleinen Stadt im Norden. Seit drei Jahren lebe ich in Deutschland, da mein Mann Deutscher ist. Ich bin ausgebildete Sekretärin und habe zehn Jahre Berufserfahrung in diesem Beruf. Hier in Berlin arbeite ich nun für eine deutsche Firma, die eine Niederlassung in Brasilien hat."

„Ich heiße Atsuko Mikanu und bin Japanerin. Ich bin nach Deutschland gekommen, weil ich hier Drehbuchschreiben studieren will. Die Ausbildung an einer freien Filmhochschule kostet nur sehr wenig. Danach möchte ich als freie Autorin Kurzgeschichten und Drehbücher schreiben und hoffe, dass sie eines Tages auch verlegt werden."

| **Redemittel Herkunft** | **Redemittel Tätigkeit** |
|---|---|
| Ich komme aus … (Spanien, der Ukraine). | Ich bin bei … (Firma) tätig. |

**2.** Verbinden Sie die Sätze mit *um ... zu ...*    Ich lerne Deutsch, ...

- besser Deutsch sprechen          – um besser Deutsch zu sprechen.
- in der Schweiz studieren können   .........................................................
- in Deutschland arbeiten          .........................................................
- die B2-Prüfung ablegen           .........................................................
- in Österreich zu promovieren     .........................................................
- meine Sprachkenntnisse verbessern .........................................................

Warum lernen Sie Deutsch?

**3.** Bilden Sie Sätze mit *weil*.          Ich bin hierhergekommen, ...

- möchte in Deutschland arbeiten         – weil ich in Deutschland arbeiten möchte.
- einen Studienplatz erhalten            .........................................................
- mit einer / einem Deutschen verheiratet sein .................................................
- eine Berufsausbildung aufnehmen        .........................................................
- an einem Studentenaustausch teilnehmen .........................................................

Warum sind Sie hierher gekommen?

**4.** Notieren Sie: Was machen Sie in Ihrer Freizeit?

Wofür interessieren Sie sich? Verwenden Sie die Redemittel im Kasten.

.........................................................................................................

.........................................................................................................

Welche Hobbys und Interessen haben Sie?

---

**Redemittel**

Ich ... (Verb) gern ...                    Beim ... (Nomen) kann ich mich gut erholen.
Ich bin sehr interessiert an + D.          Am liebsten verbringe ich meine Freizeit mit + D.
Ich interessiere mich für + Akk.           Ich beschäftige mich gern mit + Dativ ...

---

**5a.** Ordnen Sie die Verben zu.

machen – bekommen – studieren – absolvieren – eingeschrieben sein – besuchen –
beginnen – sammeln – ablegen – erwerben

Was haben Sie denn gemacht, bevor Sie hierher gekommen sind?

das Abitur ..............................................................................................
einen Abschluss ........................................................................................
eine Schule / Hochschule ..............................................................................
ein Praktikum ..........................................................................................
ein Studium ............................................................................................
Erfahrungen ............................................................................................
einen Studienplatz .....................................................................................
Psychologie ............................................................................................
an einer Hochschule ....................................................................................

**5b.** Formulieren Sie einen kurzen Text zur Frage des Prüfers.

# Wortschatz

## 2. Eigenschaften – Personen beschreiben

### Positiv oder negativ

**1.** Sind diese Eigenschaften positiv oder negativ? Markieren Sie die Adjektive mit einem – oder einem +.

|  | + / – |  | + / – |
|---|---|---|---|
| sparsam |  | offen |  |
| hilfsbereit |  | angepasst |  |
| geizig |  | verschlossen |  |
| misstrauisch |  | neidisch |  |
| anpassungsfähig |  | fleißig |  |
| ehrgeizig |  | arbeitsam |  |
| intelligent |  | überheblich |  |

**2.** Ergänzen Sie mit passenden Adjektiven aus Aufgabe 1.

a. Anita hat einen ............................... Mann: Er überlegt genau, wofür er sein Geld ausgibt.

b. Erwin ist ein sehr ............................... Typ, er kennt fast alle Bewohner des Hauses.

c. Unsere Nachbarin ist eine ............................... Person, sie grüßt nie und sagt auch sonst fast nichts.

d. Ulrike ist eine ............................... Kollegin, sie kommt mit jeder Situation zurecht und macht das Beste daraus.

e. Der neue Chef kontrolliert alle Unterlagen mehrmals und stellt dauernd Fragen dazu. So ein ............................... Mensch!

f. Carlo will Karriere machen, alle kennen ihn als sehr ............................... Studenten.

g. Sabine war früher doch so rebellisch! Jetzt protestiert sie überhaupt nicht mehr, ist total ................................ Das ist wirklich schade!

### Das Gegenteil

**3.** Wie lautet das Gegenteil? Finden Sie mehr als nur ein Wort?

| klug |  | humorvoll |  |
|---|---|---|---|
| sensibel |  | verantwortungsbewusst |  |
| gefühlvoll |  | sportlich |  |
| höflich |  | freundlich |  |
| großzügig |  | aufgeschlossen |  |
| hilfsbereit |  | selbstbewusst |  |
| geduldig |  | ruhig |  |

Welche Wortbildungsmittel kennen Sie, um das Gegenteil auszudrücken?

.................................................................................................................................

Präfixe / Suffixe / anderes Wort

**Tipp:** Lernen Sie bei Adjektiven immer auch das Gegenteil mit, aber denken Sie daran: Es gibt oft mehrere Wörter.

## Graduierung von Adjektiven

Um Aussagen abzuschwächen oder zu verstärken, benutzt man im Deutschen gern abschwächende oder verstärkende Partikeln.

**4.** Ordnen Sie die Gradpartikel nach ihrer Intensität:

+ für wenig Intensität, ++ für große Intensität

> unglaublich – eher – ziemlich – recht – wirklich – überhaupt (kein / nicht) – extrem – enorm – ausgesprochen

**5.** Ergänzen Sie die Sätze mit einer passenden Gradpartikel.

a. Clara ist ..................................... fleißig. ++

b. Caroline und ihr Freund sind ..................................... sparsam. ++

c. Alex arbeitet ..................................... viel. +

d. Angelika trinkt ..................................... gern Anisschnaps. ++

e. Steffen ist ein ..................................... guter Autofahrer. ++

f. Pierre ist ..................................... kein guter Redner. +

## Sich selbst beschreiben

**6.** Kreuzen Sie passende Adjektive an und beschreiben Sie sich dann in fünf Sätzen. Benutzen Sie dabei auch die Gradpartikeln aus Aufgabe 4.

| | | |
|---|---|---|
| sensibel | humorvoll | zurückhaltend |
| gefühlvoll | verantwortungsbewusst | ehrgeizig |
| höflich | (un)sportlich | sparsam |
| großzügig | selbstbewusst | fleißig |
| (un)geduldig | aufgeschlossen | praktisch |
| hilfsbereit | ruhig | realistisch |
| direkt | vergesslich | nachtragend |

Beispiel: *Ich kann mich als ausgesprochen geduldigen Menschen beschreiben, denn ich weiß, dass viele Dinge Zeit brauchen.*

..........................................................................................................................

..........................................................................................................................

..........................................................................................................................

..........................................................................................................................

..........................................................................................................................

> **Redemittel**
>
> Ich kann mich selbst beschreiben als ... Man sagt, ich sei ... / dass ich ... sei.
> Ich schätze mich selbst als ... ein. Viele Leute schätzen an mir, dass ich ... bin.
> Ich würde sagen, ich bin ... Viele Freunde meinen, dass ich ... sei.

# Wortschatz

## 3. Zusammenleben der Generationen

**1.** Lesen Sie den Text und ergänzen Sie in der Tabelle unten die verschiedenen
Generationen.

2006 wurde von der Bundesregierung Deutschlands das Programm „Mehrgenerationenhäuser" ins Leben gerufen, mit dem Ziel, bundesweit Häuser zur Begegnung der verschiedenen Generationen zu schaffen. Zwei Jahre später gibt es bereits 500 davon. Diese Orte
der Begegnung sollen mit vielfältigen Angeboten den Zusammenhalt der Generationen
5 stärken und Anonymität und Isolation entgegenwirken. Denn wo sich die Generationen
ungezwungen im Alltag begegnen, können ältere Menschen ihre Erfahrung und ihr Wissen
weitergeben. Kinder und Jugendliche profitieren davon und können sich gleichzeitig mit
ihren Kompetenzen einbringen. Die berufstätigen Erwachsenen werden im Alltag entlastet
und finden einen Ort des Gesprächs, an dem sie auch mal Luft holen können.

10 Aber um sich überhaupt erst einmal zu begegnen, laden die offenen Treffs Jung und Alt
zum Essen, Kaffee oder Spielenachmittag ein. Sie sind das Herzstück der Mehrgenerationenhäuser. Die freundlichen, einladenden und gemütlichen Räume sind oft als Café oder
Bistro gestaltet und ermöglichen Menschen jeden Alters, einfach nur eine Tasse Kaffee zu
trinken, ins Gespräch zu kommen oder gemeinsam aktiv zu werden. Fast alle Häuser ver-
15 fügen bereits heute über einen solchen regelmäßig geöffneten Begegnungsort.

Daneben bieten die Mehrgenerationenhäuser ein beeindruckendes Spektrum von haus-
haltnahen Dienstleistungen an: von der Kinderbetreuung über Gartenarbeiten und Bügelservice bis hin zum Jobtraining und Fahrdiensten. Ihr Ziel ist es, den Familien, Berufstätigen sowie Seniorinnen und Senioren den Alltag erheblich zu erleichtern und das Ver-
ständnis füreinander zu fördern.

**2.** Ordnen Sie die Aktivitäten im Kasten den Generationen zu. Lassen sich die
Generationen klar voneinander abgrenzen?

| *Kinder* | | | |
|---|---|---|---|
| **Alter** | | | |
| 0 – 12 | 13 – 18 | 20 – 65 | 65 – 100 |
| spielen – einen Abschluss erwerben – in Rente gehen – erwerbstätig sein – den Führerschein machen – studieren – lernen – sich weiterbilden – eine Familie gründen – Eltern pflegen – einen Beruf ergreifen | | | |
| | | | |
| | | | |
| | | | |
| | | | |
| | | | |

**3.** Was bedeuten die folgenden Wörter?

| | | | |
|---|---|---|---|
| s Mehrgenerationenhaus: | (Z. 1) | s Herzstück | (Z. 11) |
| ungezwungen: | (Z. 6) | haushaltsnah: | (Z. 16) |
| entlasten: | (Z. 8) | s Spektrum: | (Z. 16) |
| Luft holen: | (Z. 9) | füreinander: | (Z. 20) |

**4.** Lesen Sie die Zuschriften auf den Zeitungsartikel oben.

# Was denken Sie über Mehrgenerationenhäuser?

**A**

… Diese Idee ist sinnvoll – alle würden davon profitieren, die Alten genauso wie die Jungen.

*Max M., Köln*

**B**

… lieber nicht, jeder ist doch froh, wenn er seine Ruhe hat. Ich bin froh, dass ich allein wohne …

*Peter H., Chemnitz*

**C**

… Bei uns auf dem Land ist die Zahl der Singles sehr gering, dank der traditionellen Großfamilien. Da brauchen wir keine Mehrgenerationenhäuser.

*Annemarie S., Wien*

**D**

… leider sind unsere Politiker nicht phantasievoll genug - es ist an der Zeit, Mehrgenerationenhäuser auch bei uns zu fördern.

*Klaus M., Bern*

**4a.** Welche Zuschriften sind positiv, welche sind negativ?

| | |
|---|---|
| A | C |
| B | D |

**4b.** Notieren Sie Wörter, die Ihnen bei der Lösung geholfen haben.

| | |
|---|---|
| A | C |
| B | D |

**5.** Äußern Sie sich dann zu den folgenden Punkten: Schreiben Sie zu jeder Frage mindestens zwei Sätze.

Wie beurteilen Sie das Zusammenleben von Jung und Alt in Ihrem Land?

Würden Sie sich in einem Mehrgenerationenhaus engagieren?

Was ist Ihre Meinung zum Modell Mehrgenerationenhäuser?

Wie wichtig ist es für Sie, mit Menschen zusammenzuleben und etwas gemeinsam zu unternehmen?

# Wortschatz

## 4. Mobilität

**1.** Finden Sie 12 Komposita zum Thema „Reisen" mit Hilfe der Definitionen.

| | | | | | | R | E | I | S | E | | | | | |
|---|---|---|---|---|---|---|---|---|---|---|---|---|---|---|---|
| 1 | | | | | | R | E | I | S | E | | | | | |
| | | 2 | | | | R | E | I | S | E | | | | | |
| | | 3 | | | | R | E | I | S | E | | | | | |
| | | 4 | | | | R | E | I | S | E | | | | | |
| 5 | | | | | | R | E | I | S | E | | | | | |
| 6 | | | | | | R | E | I | S | E | | | | | |
| 7 | | | | | | R | E | I | S | E | | | | | |
| 8 | | | | | | R | E | I | S | E | | | | | |
| 9 | | | | | | R | E | I | S | E | | | | | |
| 10 | | | | | | R | E | I | S | E | | | | | |
| 11 | | | | | | R | E | I | S | E | | | | | |
| 12 | | | | | | R | E | I | S | E | | | | | |

Die Wörter bedeuten:
1. Wenn man beruflich unterwegs ist, macht man eine …
2. Wenn man zu oft verreisen musste, dann ist man …
3. Der „Chef" einer Reisegruppe ist der …
4. Der Ort, an den einen die Reise führt, ist das …
5. Eine Reise rund um den Globus ist eine …
6. Auf Englisch nennt man ihn „backpacker", auf Deutsch ist er ein …
7. Wenn man durch ein Land fährt, ohne anzuhalten, dann ist man auf der …
8. Reisen kann man im … buchen.
9. Eine Erzählung über eine Reise ist ein …
10. Eine Reise, die jemanden außer Landes führt, ist eine …
11. Jemand, der gern und oft verreist, ist …
12. Eine Reise, auf der man Unerwartetes erlebt, ist eine …

**2.** Suchen Sie zu den folgenden Definitionen die passenden Wörter im Text rechts:

a. etwas ist schlecht für …: Es ist eine ...........................
b. etwas wird negativ beeinflusst, behindert: Es ist eine ...........................
c. ein extrem großer Hotelkomplex für den Massentourismus: ...........................
d. etwas ist dauerhaft und zukunftsorientiert: ...........................
e. etwas ist gut für die Umwelt: ...........................
f. die Umwelt nicht belasten: die Umwelt ...........................
g. etwas ausgleichen: ...........................
h. Gefühl für richtiges / falsches Handeln: das ...........................
i. Materialien, die wieder wachsen: ...........................

**3.** Ökologisch Reisen? Kein Problem – lesen Sie selbst!

Wer reist, sucht Sonne und Strand, Spaß und Aufregung, Entspannung und Erholung vom Alltag. Wenn aber Massen verreisen, führt das unweigerlich zu Belastungen der Umwelt und zur Beeinträchtigung fremder Kulturen. Das Ergebnis sind endlose Bettenburgen, verschmutzte Strände, zerstörte Wälder und Gebirgslandschaften. Dass es auch anders
5 gehen kann, zeigen viele kleine Initiativen, die sich für einen nachhaltigen, ökologischen Tourismus starkmachen.
Was können Sie selbst tun, um Ihre Reise nachhaltig zu gestalten?
Nutzen Sie umweltfreundliche und $CO_2$-arme Verkehrsmittel – wie z. B. die Bahn, das Fahrrad, den Bus oder ein sparsames Auto.
10 Verbinden Sie Geschäfts- und Privatreisen – hängen Sie einfach noch eine Woche Urlaub an, wenn es möglich ist – das spart Geld und schont die Umwelt, denn das Flugticket hat ja schon der Chef bezahlt.
Reisen Sie gemeinsam im Auto: Wenn Sie allein oder zu zweit unterwegs sind, können Sie Freunde einladen mitzufahren. Oder Sie melden sich bei einer Mitfahrzentrale: Diese
15 vermittelt Mitreisende. Dann ist nicht nur Ihr Auto ökonomisch gut ausgenutzt und Sie sparen Fahrtkosten, sondern Sie haben auch noch Gesprächspartner für die lange Fahrt.
$CO_2$-Kompensation – Sie können mit dem Kauf eines $CO_2$-Zertifikats den $CO_2$-Ausstoß, den Ihre Reise verursacht hat, kompensieren. Das beruhigt nicht nur Ihr Gewissen, Ihr Geld kommt Organisationen zugute, die zum Beispiel Entwicklungsländern beim
20 Aufbau einer nachhaltigen Energieversorgung auf Basis erneuerbarer Rohstoffe helfen.

**4.** Arten der Fortbewegung: Notieren Sie Vor- und Nachteile.

|             | Vorteile        | Nachteile                      |
|-------------|-----------------|--------------------------------|
| das Auto    | *bequem, schnell* | *verschmutzt die Umwelt, Stau* |
| der Fuß     |                 |                                |
| das Fahrrad |                 |                                |
| das Flugzeug |                |                                |
| das Schiff  |                 |                                |

**5.** Schreiben Sie einen Text über die Vor- und Nachteile der Verkehrsmittel. Äußern Sie sich dabei abwägend, differenziert.

> **Redemittel: Meinungen differenziert ausdrücken**
> Einerseits … andererseits …
> Auf der einen Seite …, auf der anderen Seite …
> Zwar … aber …
> Nicht nur …, sondern auch …
> Zum einen …, zum anderen …
> Man kann sagen, dass … Man kann das aber auch anders sehen.

Beispiel: *Autos sind einerseits zwar sehr bequem und schnell, andererseits tragen sie zur Verschmutzung der Umwelt bei. Auch gibt es bereits zu viele Autos, so dass man in den großen Städten mehr im Stau steht, als dass man fährt.*

# Wortschatz

## 5. Neue Medien

**1.** Kommunikation früher und heute. Lesen Sie.

### Kommunikation

Die heutigen Kommunikationsformen unterscheiden sich deutlich von denen der vergangenen Jahrhunderte. Während der Brief einst vom Telegraphen und später vom Telefon abgelöst wurde, gibt es heute Kommunikationsmedien, die eine komplette Überbrückung von Zeit und Raum möglich machen. Eine Kommunikation über große Ent-
5 fernungen in Echtzeit ist kein Problem mehr und vor allem auch finanziell für jeden möglich.
Dank des Internets können heutzutage überall beliebig Informationen abgerufen werden. Kommunikation im Jahr 2007 bedeutet vor allem interaktives Handeln, wobei das Internet und das Handy wichtige Schlüsselpositionen einnehmen. Mit dem Handy kann man
10 nicht mehr nur überall und jederzeit erreicht werden. Dank UMTS ist es auch möglich, jederzeit ins Internet zu gehen und dort Informationen abzurufen oder Dateien zum Beispiel auf die eigene Homepage hochzuladen.
Aber auch der Blog ist ein beliebtes Kommunikationsmedium der letzten Jahre geworden. Dabei handelt es sich um eine Art Tagebuch, welches im Internet für alle potenziellen
15 Leser öffentlich geschrieben wird. Meist wird es mehrmals wöchentlich aktualisiert und die Leser können auch Kommentare posten.

**2.** Wortfeld: Alte und neue Kommunikationsmittel. Ergänzen Sie die Assoziogramme mit Vokabular aus dem Text. Finden Sie weitere Wörter.

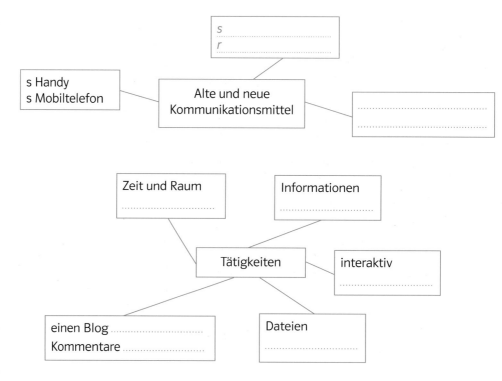

**3.** Wie nutzen Sie Medien? Ergänzen Sie.

Ich benutze das Internet, um zu recherchieren, das Handy, um zu ...................................

und zu ......................................, einen MP3-Player, um ...................................., und den

Rechner, um ..................................... .

**4.** Anglizismen – was tun?

In den Bereichen Internet und neue Medien werden im Deutschen viele Wörter aus
dem Englischen verwendet. Wie werden sie in die deutsche Sprache integriert? Lesen
Sie den Text, markieren Sie die Anglizismen und lösen Sie dann das Quiz.

> Die Arbeit per Computer macht mir großen Spaß: Am liebsten chatte ich mit meinen Freun-
> den, die über die ganze Welt verteilt sind, manchmal skypen wir auch. Marc z. B. bloggt seine
> Erfahrungen in Guatemala, so dass jeder sie lesen kann.
>
> Gestern habe ich lange am Computer gesessen: Erst habe ich meine Mails gecheckt, dann
> habe ich im Chatroom Pia entdeckt. Wir haben lange gechattet. Danach habe ich noch ein
> paar Begriffe für meine Semesterarbeit gegoogelt, zwischendurch mit Leon geskypt.

**1. Werden Verben aus dem Englischen im Präsens konjugiert?**

**a.** ☐ Ja, nach dem deutschen Konjugationsschema.
**b.** ☐ Nein.
**c.** ☐ Ja, aber nach dem englischen Konjugationsschema.

**2. Wie wird das Perfekt eingewanderter englischer Verben gebildet?**

**a.** ☐ Wie das Perfekt regelmäßiger Verben.
**b.** ☐ Wie das Perfekt unregelmäßiger Verben.
**c.** ☐ Sie können kein Perfekt bilden.

**5.** Kennen Sie noch andere englische Verben im Deutschen? Notieren Sie.

..............................................................................................................................

**6.** Total medial: Ergänzen Sie mit den passenden Verben.

> verschicken – skypen – chatten – bearbeiten – recherchieren – posten – weiter-
> schreiben – beantworten

Heute habe ich mehrere SMS ........................... und E-Mails ..........................., mit
Freunden im Chatroom ........................... und meinen Internetblog
..........................., mit einer Tante in Australien ..........................., Fotos mit
Photoshop ..........................., Kommentare in einem Blog ........................... und
schließlich noch stundenlang im Internet ........................... .

## 6. Gesundheit und Vorsorge

**1.** Sind unsere Kinder zu dick? – Lesen Sie den Text. Markieren Sie Wörter / Wortgruppen zu den Wortfeldern „Essen" und „Körper".

### Die Zahl dicker Kinder nimmt nicht weiter zu, für Entwarnung aber besteht kein Anlass.

Die „Generation XXL" ist eine traurige Wahrheit. 1,8 Millionen Kinder in Deutschland sind dem Kinder- und Jugendgesundheitssurvey (kurz Kiggs) des Robert-Koch-Instituts zufolge übergewichtig, 770.000 von ihnen sogar krankhaft. Die Bundesregierung hat darauf mit einem Aktionsplan reagiert. „Fit statt fett", lautete der Slogan eines umfassenden
5  Programms. Es soll verhindern, dass die Zahl dicker Kinder ansteigt. In Schulen und Kindertagesstätten wird seither größerer Wert auf gesunde Ernährung mit viel Obst und Gemüse gelegt, öffentliche Einrichtungen sind angehalten, ein gutes Vorbild in punkto Körpergewicht zu sein, der Ausbau von Spiel- und Sportplätzen wird gefördert und auch die Forschung profitiert von dem mit 15 Millionen Euro geförderten Plan.
10  15 Prozent der deutschen Kinder sind zu dick. Das liegt an mangelndem Wissen über das richtige Essen und zu wenig Toben an der frischen Luft. Jetzt wollen die Politiker den Kleinen Beine machen. Dabei soll sogar der Deutsche Verkehrsclub helfen – und ordentlich Werbung für Fahrräder machen. Eine weitere Idee ist die Einführung eines „Ernährungsführerscheins". Bereits in Kitas sollen Kinder richtig essen lernen, die Schul-
15  verpflegung soll Qualitätsstandards einhalten.
Zwar ist bei den Kindern, die eingeschult werden, schon seit einiger Zeit keine generelle Zunahme des Übergewichts mehr zu verzeichnen. Dennoch ist das kein Zeichen für Entwarnung, denn die Zahl der dicken Kinder stagniert auf hohem Niveau. Unter den älteren Kindern und Jugendlichen nimmt der Anteil der Dicken sogar weiter zu. Schon
20  heute gibt es reichlich junge Menschen, die an Typ-2-Diabetes leiden, der früher einmal „Alterszucker" hieß. Dicken drohen außerdem schon in recht jungen Jahren Gelenkverschleiß, Bluthochdruck, Herzinfarkt und Schlaganfall. Auch die Seele leidet, bei Kindern besonders. Das allerdings, meint der Soziologe Friedrich Schorb vom Zentrum für Sozialpolitik der Universität Bremen, werde durch Aktionspläne wie „Fit statt fett" nicht eben
25  besser. Sie trügen vielmehr noch zur Stigmatisierung bei und seien schlecht für das Selbstbewusstsein. „Das Motto künftiger Gesundheitskampagnen sollte daher lieber ‚Fit und fett' oder ‚Gesund und rund' lauten", fordert Schorb, „denn körperliche Bewegung, gesunde Ernährung und Übergewicht müssen sich keinesfalls ausschließen." Schon jetzt, so der Forscher, leiden viele Dicke stärker unter Diskriminierung als unter den gesund-
30  heitlichen Folgen ihrer Leibesfülle.

**2.** Ergänzen Sie die Assoziogramme. Finden Sie weitere Wörter.

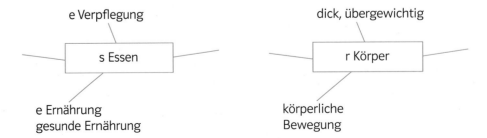

e Verpflegung

**s Essen**

e Ernährung
gesunde Ernährung

dick, übergewichtig

**r Körper**

körperliche
Bewegung

**3.** Übergewichtige Kinder: Ergänzen Sie mit passenden Verben aus dem Text.

a.  Die Zahl der übergewichtigen Kinder ..................................................................... .
b.  Bei Kindern, die eingeschult werden, ist keine generelle Gewichtszunahme zu

........................................ .

c.  Die Anzahl der dicken Kinder ............................... auf hohem Niveau.

d.  Die Aktionspläne zur Gewichtsreduzierung ............................... eher zur

Stigmatisierung übergewichtiger Kinder ............................... .

**4.**  Redewendungen mit Körperteilen: Verbinden Sie die Redewendung (links) mit der
passenden Bedeutung (rechts).

| | |
|---|---|
| a.  etwas liegt auf der Hand | 1.  verliebt sein |
| b.  etwas liegt schwer im Magen | 2.  sich etwas merken |
| c.  jemandem Beine machen | 3.  schnell laufen, weglaufen |
| d.  etwas liegt mir auf der Zunge | 4.  erleichtert sein |
| e.  die Ohren spitzen | 5.  ein Problem, dass man nicht leicht lösen kann |
| f.  sich etwas hinter die Ohren schreiben | 6.  ganz genau zuhören |
| g.  jemandem fällt ein Stein vom Herzen | 7.  flirten |
| h.  jemandem schöne Augen machen | 8.  ein Wort, dass mir gerade nicht einfällt |
| i.  die Beine in die Hand nehmen | 9.  treffende, verletzende Kommentare machen |
| j.  mit spitzer Zunge/ spitzzüngig | 10.  sehr beschäftigt sein |
| k.  Schmetterlinge im Bauch haben | 11.  etwas ist ganz klar und logisch |
| l.  viel um die Ohren haben | 12.  jemanden antreiben, etwas schnell zu tun |

**5.**  Ernährungsberatung: adjektivische Komposita. Was passt zusammen?

e Laktose  –  s Gluten  –  e Faser-  –  Kalorien (Pl.)  –  r Alkohol  –
s Vitamin  –  s Phosphat  –  s Koffein  –  s Cholesterin

| -frei | -arm | -reich | -haltig |
|---|---|---|---|
| (Bedeutung: ohne) | (Bedeutung: nur wenig) | (Bedeutung: mit viel) | (Bedeutung: enthält) |
| *laktosefrei* | | | |
| | | | |
| | | | |

# Wortschatz

## 7. Konsum

**1.** Lebenshaltungskosten in Deutschland: Schauen Sie die Grafik an, lesen Sie den Text.

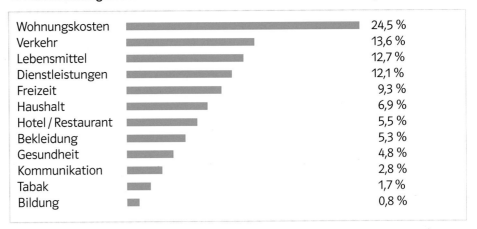

| | |
|---|---|
| Wohnungskosten | 24,5 % |
| Verkehr | 13,6 % |
| Lebensmittel | 12,7 % |
| Dienstleistungen | 12,1 % |
| Freizeit | 9,3 % |
| Haushalt | 6,9 % |
| Hotel / Restaurant | 5,5 % |
| Bekleidung | 5,3 % |
| Gesundheit | 4,8 % |
| Kommunikation | 2,8 % |
| Tabak | 1,7 % |
| Bildung | 0,8 % |

### Steigende Lebenshaltungskosten – wie gehen die Deutschen damit um?

Lebensmittel werden teurer – die Deutschen reagieren mit sparsamem Einkauf. Nach Einschätzung der Zentralen Markt- und Preisberichtsstelle (ZMP) legen die Bürger weniger und billigere Lebensmittel in ihren Einkaufskorb. Trotz steigender Preise für Gemüse, Käse und Fleisch bleibt der Einkommensanteil, den die Verbraucher für Lebensmittel
5 ausgegeben, überraschend niedrig.
Gerade 12,7 Prozent der monatlichen Ausgaben entfallen beim Durchschnittsdeutschen auf Lebensmittel, so die ZMP. Der größte private Posten war auch im letzten Jahr die eigene Wohnung inklusive der Nebenkosten (24,5 Prozent). Auf Platz zwei folgen Zahlungen rund um Auto, Sprit und Fahrkarten (13,6 Prozent). Steigende Energie- und
10 Spritpreise treiben in beiden Fällen die Ausgaben in die Höhe. Gespart wird in Deutschland bei den Lebensmitteln. 75 Prozent sind hierzulande der Meinung, dass man die Güter des täglichen Bedarfs am besten beim Discounter kaufen sollte. Erst Haushalte mit einem Einkommen ab 4000 Euro finden die Qualität von Lebensmitteln genauso wichtig wie den Preis. Entsprechend spielen teurere Bioprodukte bei der Mehrheit der Deutschen
15 kaum eine Rolle: 62 Prozent geben an, kaum Lebensmittel aus dem Ökoanbau zu konsumieren. Trotz Spardrangs und Discountvorliebe rund um Fleisch, Obst und Gemüse ist aber nur jeder 14. Erwachsene der Meinung, gar nicht auf seine gesunde Ernährung zu achten.

**2.** Suchen Sie im Text Begriffe zu den Definitionen.

a. Ausgaben, für alle lebensnotwendigen Dinge: ........................................

b. billige Supermärkte: ........................................

c. Man gibt nicht viel Geld aus, man ist ........................................

d. Preise können fallen und ........................................

e. der Konsument = ........................................

f. Kosten, die man jeden Monat hat: ........................................

g. Kosten für Heizung, Wasser und Strom / Gas: ........................................

h. die ökologische Landwirtschaft: ........................................

**3.** Ergänzen Sie das Wortfeld.

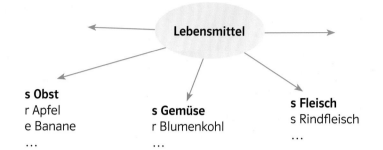

**s Obst**
r Apfel
e Banane
…

**s Gemüse**
r Blumenkohl
…

**s Fleisch**
s Rindfleisch
…

**4.** Deutsche Wörter – internationale Wörter: Was gehört zusammen?

| r Konsument | e Ausfuhr |
|---|---|
| r Produzent | r Billigladen |
| r Export | e Einfuhr |
| r Import | r Verbraucher |
| r Discounter | r Erzeuger / r Hersteller |

**5.** Silbenrätsel mit Synonymen für …

sig – kos – drig – ten – spie – güns –  höht – kost –lig – preis – tig – hoch – wert – prei –über– nie –

– billig:................................................................................................................

– teuer:................................................................................................................

**6.** Laut Grafik geben die Deutschen ca. 12 % Ihres Einkommens für Dienstleistungen aus. Welche Dienstleistungen kennen Sie?

Bereich Körperpflege: *Friseur*,................................................................................

Bereich Bekleidung:................................................................................................

Bereich Kommunikation:.........................................................................................

Bereich ................................................:................................................................

**7.** Ergänzen Sie die fehlenden Wörter.

Die Grafik zeigt, (a) .................................... Deutsche ihr Geld ausgeben. An erster Stelle (b) .................................... die Wohnungskosten, die mit (c) .................................... 25 % fast ein Viertel der Gesamtausgaben betragen. Es folgen die Aufwendungen für den Verkehr, die immerhin auch 13,6 % (d)........................................ Erst an dritter Stelle kommen die Ausgaben für Lebensmittel (12,7 %), gefolgt (e) .................................... den Dienstleistungen in Höhe von 12,1 %. Am (f) .................................... geben die Deutschen für Bildung aus – nur 0,8 % der Ausgaben entfallen auf diesen Bereich. Sogar für Tabak wird noch (g) .................. .................. ausgegeben (1,7 %).

# Wortschatz

## 8. Sprache

**1.** Welche Definition passt? Ordnen Sie zu.

| | |
|---|---|
| 1. e Handelssprache | a) Die Sprache, die Eltern an ihre Kinder weitergeben. |
| 2. e Muttersprache | b) Eine Sprache, die für den wirtschaftlichen Austausch benutzt wird. |
| 3. e Zweitsprache | c) Eine Sprache, die Gehörlose verwenden, um sich untereinander zu verständigen. |
| 4. e Fremdsprache | d) Die standardisierte Form einer Sprache, die in der Schule unterrichtet, in den Medien benutzt wird. |
| 5. e Gebärdensprache | e) Eine Gruppe von Menschen, die die gleiche Sprache sprechen. |
| 6. e Hochsprache | f) Eine Sprache, die nicht die Muttersprache ist, sondern die man erst lernen muss. |
| 7. e Sprachgemeinschaft | g) Die Art, wie eine Sprache gesprochen wird: Laute, Wortakzent, Satzmelodie. |
| 8. e Aussprache | h) Regionale Variante einer Sprache, die nur in einem bestimmten Gebiet gesprochen wird. |
| 9. r Dialekt | i) Eine zweite (oder weitere) Sprache, die man neben der Muttersprache sprechen kann und im Alltag benötigt, weil man in dem entsprechenden Land lebt. |

**2.** Lesen Sie den folgenden Text:

**Malika Amin, 28, aus Marokko:** „In meiner Heimat Marokko sind fast alle Menschen zwei- oder sogar mehrsprachig. Ich selbst habe zu Hause mit meinen Eltern Berberisch gesprochen, genauer gesagt, Tashelhit, einen berberischen Dialekt. Außerhalb der Wohnung, auf der Straße, auf dem Markt benutzen wir aber das marokkanische Arabisch, einen arabischen Dialekt. In der Moschee wird der Koran im klassischen Arabisch rezitiert, das schon über 1000 Jahre alt ist. In der Schule haben wir Hocharabisch und als erste Fremdsprache Französisch gelernt, später konnten wir zwischen Deutsch und Englisch wählen. Ich habe bereits zwei Jahre in einer Bank gearbeitet, dafür war meine Mehrsprachigkeit sehr vorteilhaft, denn ich musste über sehr gute Französisch- und Englischkenntnisse verfügen. Für mich selbst stellt die Mehrsprachigkeit einen großen Gewinn dar."

**3.** In welcher Situation sprechen Sie welche Sprache? Schreiben Sie einen kleinen Text. Verwenden Sie Wörter aus Aufgabe 1.

in der Familie – in der Schule / an der Universität – mit Freunden – auf der Arbeit – zu offiziellen Anlässen – zu religiösen Anlässen

> **Redemittel:**
> zweisprachig / mehrsprachig sein
> eine Sprache fließend sprechen / beherrschen
> über gute / ausgezeichnete / hervorragende Sprachkenntnisse verfügen
> einen Dialekt sprechen
> … als erste / zweite Fremdsprache lernen

**4.** Lesen Sie die folgende Anekdote. Können Sie die Geschichte erklären?

*Eine Dame aus Deutschland macht auf dem Weg in den Speisesaal eines Schweizer Hotels Konversation mit einem anderen Gast und sagt: „Hoffentlich schmeckt's!" Die Antwort lautet: „Hoffentlich nicht!"*

⚬ Wie in den meisten anderen Ländern gibt es auch in den deutschsprachigen Ländern mehr oder weniger große Unterschiede in der Sprache. Es gibt viele Dialekte (Schwäbisch, Berlinerisch, Schweizerdeutsch, Wienerisch, etc.), es gibt das deutsche, österreichische und das schweizerische Standarddeutsch, die von allen Leuten verstanden werden können. In Sprachkursen lernen Sie Hochdeutsch, eine Standardsprache, die sich von der im Alltag gesprochenen Sprache unterscheidet.

**Beispiele aus dem deutschen, österreichischen und schweizer Standarddeutsch:**

**Vokabular:**    *s Fahrrad (D, A), s Velo (CH); e Treppe (D, CH), e Stiege (A)*
**Grammatik:**    – Artikel: *e Tram (D), s Tram (CH)*
                  – Präpositionen: *zu einer Sitzung gehen (D), an eine Sitzung gehen (CH); auf dem Land leben (D), am Land leben (A);*
                  – bei Verben: *ich bin gesessen (D, A, CH) ich habe gesessen (D)*
                  – Perfekt: *ich bin gesessen (Süddeutschland, A, CH), ich habe gesessen (Norddeutschland)*
**Rechtschreibung**: In der Schweiz gibt es kein ß, stattdessen ss: *r Fuss (CH, auch mit langem u gesprochen), r Fuß (D, A)*
**Aussprache:**    Wörter werden anders betont, einzelne Laute werden anders gesprochen: s Bür<u>o</u> (D, A) / B<u>ü</u>ro (CH)

⚬ In der Prüfung kann es vorkommen, dass Sie österreichische oder Schweizer Sprecher hören. Aber keine Angst: Diese sprechen dann keinen Dialekt, sondern Deutsch mit einer regionalen Färbung, was Sie normalerweise gut verstehen können. Wenn Sie sich gut vorbereiten möchten, dann schauen Sie einfach fern. Hier ist eine Übersicht zu deutschsprachigen Sendern:

| Deutschland | ARD, ZDF, NDR , WDR, BR, mdr, SWR, … |
| Schweiz | SF1, SF2 |
| Österreich | Ö1, Ö2 |
| Alle drei Länder | 3sat, arte |

 **5.** Hören Sie die Dialoge. Welches Deutsch hören Sie?

Schweizer Deutsch:
Österreichisches Deutsch:
Deutsches Deutsch:

## 9. Wissenschaft

**1.** Lesen Sie und markieren Sie Namen verschiedener Wissenschaften.

### Jahre der Wissenschaften

Seit dem Jahre 2000 gibt es in Deutschland jedes Jahr ein neues „Jahr der Wissenschaften". Dabei können sich die Menschen bei verschiedenen Veranstaltungen, wie z. B.: Ausstellungen, Vorträge über jeweils eine Wissenschaft informieren und sogar mit Forschern ins Gespräch kommen.

5 Denn Wissenschaft ist für alle interessant: Neue Erfindungen verändern den Alltag, Entdeckungen in der Medizin verbessern Therapien, neue Entwicklungen in der Technik vereinfachen das Leben. Deshalb gründeten Wissenschaftsorganisationen gemeinsam mit dem Bundesministerium für Forschung die Initiative „Wissenschaft im Dialog". Ziel dieser Initiative ist es, den Dialog zwischen Gesellschaft und Wissenschaft zu verstärken.

10 Nun steht seit 2000 jedes Jahr ein Wissensbereich im Zentrum des Interesses: Zunächst war das Jahr 2000 das Jahr der Physik. Es folgten 2001 die Lebenswissenschaften, 2002 die Geowissenschaften. 2003 gab es das Jahr der Chemie, 2004 war das Jahr der Technik. 2005 wurde zum 100. Geburtstag von Albert Einstein das Einsteinjahr ausgerufen, 2006 war das Jahr der Informatik, 2007 das Jahr der Geisteswissenschaften.

**2.** Das ABC der Wissenschaften: Notieren Sie die Namen der Wissenschaften aus dem Text. Ergänzen Sie die Tabelle mit weiteren Wissenschaftsnamen.

| A | Arithmetik | J | | S | |
|---|---|---|---|---|---|
| B | Biologie | K | | T | |
| C | Chemie | L | | U | |
| D | | M | | V | |
| E | | N | | W | |
| F | | O | | X | – |
| G | | P | | Y | – |
| H | | Q | | Z | |
| I | | R | | | |

**3.** Wie lautet der Artikel für Wörter auf -ie, -ik, -schaft, -kunde?

**4.** Suchrätsel Wortbildung: Wörter mit er- / ent-

Im Suchrätsel sind neun Wörter versteckt. Notieren Sie die Wörter.

| | Bedeutung | Wort |
|---|---|---|
| ent- | ein Geheimnis herausfinden | |
| | Architekten skizzieren zunächst ein Gebäude, man sagt, sie … es. | |
| | etwas Unbekanntes finden oder erkunden | |
| er- | sich etwas durch Arbeit aneignen | |
| | ein wissenschaftliches Thema genau untersuchen | |
| | ein Ergebnis durch eine mathematische Operation bekommen | |
| | einen Zusammenhang verstehen | |
| | sich etwas Neues ausdenken | |

| N | R | E | R | K | E | N | N | E | N | G | R | K | W | N |
|---|---|---|---|---|---|---|---|---|---|---|---|---|---|---|
| T | G | Ä | X | S | N | F | A | Q | A | V | I | B | E | H |
| D | D | M | E | F | B | T | X | T | I | D | E | D | H | Y |
| Q | E | N | T | R | Ä | T | S | E | L | N | N | M | G | Y |
| Ä | S | D | A | P | M | Q | R | H | M | I | T | D | V | G |
| U | D | E | Q | K | O | I | A | K | F | X | W | K | D | B |
| M | E | L | R | J | R | K | T | R | M | C | E | R | H | O |
| V | A | U | M | A | T | D | E | T | W | P | R | Ä | F | U |
| W | E | R | F | O | R | S | C | H | E | N | F | M | G | R |
| J | Ö | F | B | M | T | B | U | T | P | L | E | I | I | X |
| Z | Ö | M | R | P | Y | H | E | P | T | E | N | T | P | S |
| J | W | R | Y | O | N | L | L | I | G | S | J | V | N | O |
| R | H | Y | Z | W | A | G | E | H | T | Ä | C | C | E | N |
| Q | F | F | G | C | Z | E | N | T | D | E | C | K | E | N |
| S | T | J | E | R | R | E | C | H | N | E | N | R | Z | A |

**5.** Ergänzen Sie den Text mit drei Verben aus Aufgabe 4.

Wie viele Menschen lebten bereits auf der Erde? Oder: Mathematische Modellierung von Populationen

Wie viele Menschen haben seit der Jungsteinzeit auf der Erde gelebt? Um diese spannende Frage möglichst genau zu beantworten, hat Rico Hader ein mathematisches Modell ............................., mit dessen Hilfe sich die genaue Zahl ............................. lässt. Es berücksichtigt unter anderem die veränderlichen Werte für Lebenserwartung, Geburten- sowie Sterberaten. Rico Hader hat eine beeindruckende Zahl .............................: Rund 27 Milliarden Menschen sind demnach von 8000 v. Chr. bis heute geboren worden – die Hälfte davon nach dem Jahre 1710. Doch das Modell des jungen Forschers taugt auch für Prognosen: Bis zum Ende des 21. Jahrhunderts – so sagt es voraus – wird die Weltbevölkerung auf 10 bis 15 Milliarden Menschen angewachsen sein.

**6.** Wortbildung: Veränderungen können durch das untrennbare Präfix *ver-* angegeben werden. Finden Sie die entsprechenden Verben.

| x 2 | verdoppeln | klein | verkleinern |
|---|---|---|---|
| x 3 | verdreifachen | kurz | |
| x 4 | | groß | |
| x 5 | | mehr | |
| x 6 | | einfach | |
| x 10 | | breit | |
| x 100 | | gering | |
| viel | | lang | |

# Wortschatz

## 10. Prima Klima?

**1.** Lesen Sie den Infoflyer. Wofür wird hier geworben?

---

**Was ist atmosfair?**
Jeder Flug trägt zur Klimaerwärmung bei. Aber wer nach San Francisco will, hat außer Verzicht keine praktische Alternative. Wenn Sie in dieser Situation einen Beitrag zum Klimaschutz leisten wollen, haben wir ein Angebot für Sie: atmosfair.

5 **Wie funktioniert atmosfair?**
Passagiere zahlen freiwillig für die von Ihnen verursachten Klimagase. Das Geld wird zum Beispiel in Solar-, Wasserkraft-, Biomasse- oder Energiesparprojekte investiert, um dort eine Menge Treibhausgase einzusparen, die eine vergleichbare Klimawirkung haben wie die Emissionen des Flugzeugs. Finanziert werden Projekte in Entwicklungsländern.
10 Ihr Geld trägt dazu bei, diese Projekte zu ermöglichen.

**Wohin fließt Ihr Geld?**
In Indien freuen sich Großküchen über saubere Solarenergie. Die Projekte ersparen der Atmosphäre nicht nur Tausende von Tonnen Kohlendioxid. Sie schaffen auch noch Arbeitsplätze.

15 **Wie können Sie zahlen?**
Sie können ein atmosfair-Zertifikat entweder bei einem Reiseveranstalter des forum anders reisen kaufen – gleichzeitig mit Ihrem Ticket – oder über das Internet. Das Geld fließt anschließend in Klimaschutzprojekte in sogenannten Entwicklungsländern, die atmosfair nach strengen Kriterien auswählt. Kontrolliert werden die Projekte von
20 Gremien und technischen Organisationen, die im Rahmen des Klimaprotokolls von Kioto entstanden sind. So können die Kunden sicher sein, dass das Geld auch tatsächlich beim Klimaschutz ankommt. Um den Flugverkehr in angemessenen Schranken zu halten, fehlen bisher ausreichende rechtliche Vereinbarungen. Mit atmosfair können Sie schon heute handeln!

25 **Der Emissionsrechner**
Mit dem Emissionsrechner können Sie herausfinden, wie stark das Weltklima durch Ihre Flugreise belastet wird. Und er berechnet, wie viel es kostet, eine vergleichbare Menge Klimagase in Klimaschutzprojekten einzusparen.
Wenn Sie wollen, können Sie dann atmosfair beauftragen, diese Menge für Sie einzuspa-
30 ren. Für die Zahlung bieten wir Ihnen verschiedene Möglichkeiten: entweder per Kreditkarte oder Bankeinzug über unsere geschützte Webseite oder ohne Internet per Rechnung, die wir Ihnen zuschicken. Sie können per E-Mail ein persönliches Zertifikat und eine Spendenbescheinigung erhalten.

---

**2.** Notieren Sie Komposita mit *Klima- / -klima* aus dem Text. Was bedeuten die Wörter?

| . . . klima | | Klima . . . |
|---|---|---|
| s Weltklima —— | **s Klima** | —— e Klimaerwärmung |

### 3. Was bedeuten diese Wörter?

| | |
|---|---|
| s Treibhausgas, -e | r Emissionsrechner, - |
| s Energiesparprojekt, -e | r Bankeinzug, -"e |
| s Entwicklungsland, -"er | e Spendenbescheinigung, -en |

### 4. Bilden Sie Komposita und ordnen Sie zu: traditionelle Energiequellen / erneuerbare Energie?

r Wind   s Wasser   e Erde   s Atom ——— e Kraft,   e Energie,   s Gas   s Öl   e Wärme ——— solar   bio

| traditionelle Energiequellen | erneuerbare Energie |
|---|---|
| e Atomenergie | e Solarenergie |
| | |
| | |

### 5. Deutsche Wörter – internationale Wörter: Was gehört zusammen?

| | |
|---|---|
| e Verringerung | e Emission |
| r Ausstoß | e Qualität |
| e technische Erneuerung | r Passagier |
| e Geldanlage | e Reduktion |
| e Bescheinigung | e Ökologie |
| e Menge | e Investition |
| e Güte | e Kontrolle |
| r Reisende | e technische Innovation |
| e Überprüfung | s Zertifikat |
| r Umweltschutz | e Quantität |

### 6. Formulieren Sie den Text mit folgenden Wörtern um.

weniger wachsen  – zunehmen – r Anstieg – wesentlich stärker – am meisten wachsen – r Rückgang

Im ersten Halbjahr 2008 sind von deutschen Flughäfen 46,2 Millionen Passagiere abgeflogen. Wie das Statistische Bundesamt mitteilt, waren dies 4,9 % mehr als im entsprechenden Vorjahreszeitraum. Das Wachstum hat sich damit im Vergleich zum Vorjahr leicht abgeschwächt.

Im Jahr 2007 hatte die Zunahme von Januar bis Juni noch 5,1 % betragen. Das Passagiervolumen im innerdeutschen Luftverkehr ist mit + 6,6 % wesentlich stärker gestiegen als Flüge ins Ausland (+ 4,3 %). Innerhalb der vergangenen fünf Jahre ist damit erstmals wieder das innerdeutsche Passagieraufkommen stärker gewachsen als die Fluggastzahlen im internationalen Verkehr.

Mehr als drei Viertel aller Passagiere starteten zu einem Flug innerhalb Europas. Beliebteste Reiseziele waren dabei Spanien und die Türkei, den größten Zuwachs konnten unsere Nachbarländer Österreich und die Schweiz verzeichnen. Nach Italien und Frankreich gingen die Passagierzahlen hingegen leicht zurück.

# Wortschatz

**7.** Ergänzen Sie die fehlenden Wörter. In jeder Zeile fehlt nur ein Wort.

**Der Klimawandel vollzieht sich immer schneller**

Es scheint wahr zu sein, was viele Wissenschaftler ...............

Jahren vorhersagen: Das Klima wandelt sich ...............

schneller als angenommen. Noch in diesem Jahrhundert ...............

der Meeresspiegel um einen Meter ansteigen. Auch ...............

geplante Beschränkung der Klimaerwärmung um ...............

zwei Grad wird wohl nur ...............

mit den allergrößten Anstrengungen zu schaffen ...............

Dabei würde eine ambitionierte Klimapolitik allein ...............

Deutschland rund 50.000 ...............

Arbeitsplätze schaffen. Deshalb sollte nun endlich an der

Umsetzung des Klima- und Energiepaketes ...............

aller Kraft gearbeitet ...............

**8.** Was heißt Nachhaltigkeit?

> Alles was wir tun, hat Konsequenzen, nicht nur für unser eigenes Leben, sondern auch für andere und die Umwelt. Diese Einsicht liegt dem Konzept der Nachhaltigkeit zugrunde. Wenn man also nachhaltig konsumiert, dann meint das, dass man sich der Folgen des Konsums bewusst ist und entsprechende Produkte auswählt. Nachhaltigkeit bedeutet Fairness, also nicht nur auf die eigenen Vorteile bedacht zu sein, sondern Rücksicht zu nehmen auf andere Menschen. Als Verbraucher können wir selbst die Menge unseres Energie- und Rohstoffverbrauchs bestimmen, wir können mit dem Kauf von fair gehandelten Produkten Kooperativen unterstützen, die den Arbeitern angemessene Löhne zahlen, die in Bildung investieren und Kinder nicht arbeiten lassen. Durch den Kauf von biologisch angebautem Obst können wir die Natur schützen. Worauf warten wir also?

Schreiben Sie einen Artikel an die Zeitung.

Sagen Sie,

ob Sie beim Einkaufen auf Nachhaltigkeit achten.

wie wichtig Nachhaltigkeit in Ihrem Leben ist.

was man noch tun könnte, um die Umwelt zu schonen.

was in Ihrem Heimatland zum Thema Nachhaltigkeit getan wird.

# Grammatik

## Inhalt des Kapitels

In diesem Kapitel können Sie gezielt wichtige Grammatikthemen wiederholen. Sie finden hier die folgenden grammatischen Schwerpunkte:

# Grammatik

## **1** Adjektive – Komparativ und Superlativ

Adjektive werden verwendet, um etwas zu beschreiben. Sie können *attributiv*, *prädikativ* oder *adverbial* verwendet werden.

| Form | Beispiel | Bemerkung |
|---|---|---|
| attributiv | das schöne Kleid | Das Adjektiv steht vor dem Nomen und trägt eine Endung. |
| prädikativ | Das Kleid ist schön. | Das Adjektiv steht nach dem Verb und trägt keine Endung. |
| adverbial | Sie singt schön. | Das Adjektiv bezieht sich auf das Verb und trägt keine Endung. |

### 1. Komparativ

#### a. Vergleichender Komparativ

| | |
|---|---|
| Peter ist genau*so* groß *wie* Paula. | Grundform + *wie* |
| Peter ist größer *als* Paula. | Komparativ + *als* |

#### b. Nicht vergleichender Komparativ

Der Komparativ kann auch dazu dienen, eine Aussage höflicher zu machen oder abzuschwächen.

*Ein älterer Herr* ist zwar bereits fortgeschritten in Jahren, jedoch noch kein alter Mann.
*Ein längerer Vortrag* ist zwar nicht kurz, aber auch nicht wirklich lang.
*Eine größere Summe* Geldes ist kleiner als eine große Summe.

### 2. Superlativ

#### a. Einfacher Superlativ: Dieser ist vergleichend und bezeichnet den höchsten Grad.
*Er ist von allen der schnellste Läufer. / Er läuft von allen am schnellsten.*

#### b. Absoluter Superlativ: Dieser bezeichnet allgemein einen besonders hohen Grad.

| Form | Beispiel | Erklärung |
|---|---|---|
| Einfacher Superlativ | *Er bekam die höchste Auszeichnung, die die Universität zu vergeben hat.* | Vergleich: Die Universität vergibt mehrere Auszeichnungen |
| Absoluter Superlativ | *Sie schrieb den Brief in höchster Eile.* | Kein Vergleich: sehr große Eile |

Daneben gibt es noch andere sprachliche Mittel, um einen hohen Grad auszudrücken, Graduierung und Verstärkung:

| Graduierung: Adverbien + Grundform / Adjektiv | Verstärkung: Zusammensetzungen |
|---|---|
| *eine sehr spannende Lektüre* | *hypermoderne Bauten* |
| *enorm riskante Geschäfte* | *eine urkomische / urwitzige Geschichte* |
| *äußerst schöne Schuhe* | *ein hochbegabtes Kind* |
| *eine höchst gefährliche Fahrbahn* | *steinreiche Leute* |
| *eine wenig empfehlenswerte Vorstellung* | *federleichtes Gepäck* |
| *kaum verkäufliche Kunst* | *eine bildschöne Landschaft* |
| | *ein superschnelles Auto* |

⚬ Nur graduierbare Adjektive (süß, groß, leicht etc.) lassen sich steigern, andere nicht (tot, lebendig, schwanger, kinderlos etc.).

⚬ Adjektive, die graduiert oder verstärkt wurden, sind nicht mehr zu steigern:

korrekt: *alt – älter – am ältesten*
falsch: *steinalt – steinälter – am steinältesten*
falsch: *sehr alt – sehr älter – am sehr ältesten*

**1.** Ergänzen Sie die Formen in der Tabelle. Notieren Sie Besonderheiten.

| Grundform | Komparativ | Superlativ | Besonderheiten |
|---|---|---|---|
| schön | | | *keine* |
| kalt | | | *Umlaut – e –, Adj. auf t* |
| hoch | | | |
| jung | | | |
| viel | | | |
| gern | | | |
| groß | | | |
| gut | | | |
| rosa | | | |
| voll | | | |
| einzig | | | |

**2.** Ergänzen Sie die Vergleichspartikeln *als* oder *wie*.

a. Ernesto spricht genauso gut Deutsch ..................... Delia.

b. Delia lebt aber schon länger in der Schweiz ..................... Ernesto.

c. Ernesto lebt lieber in einer Großstadt ..................... auf dem Land.

d. Delia dagegen findet das Leben in einer Großstadt genauso schön ..................... das Leben auf dem Land.

**3.** Umschreiben Sie die Formen des absoluten Superlativs.

a. Ballspielen auf dem Hof ist strengstens verboten. .........................................

b. Wir arbeiten mit modernsten Maschinen. .........................................

c. Beim leisesten Geräusch wurde er wach. .........................................

d. Gestern hatten wir das schönste Wetter. .........................................

e. Ein jüngerer Mann kam heute ins Büro. .........................................

**4.** Drücken Sie Ihre Meinung mit Hilfe von Zusammensetzungen aus.

Beispiel:
*Hier wohnen die Reichen.* ↳ *Hier wohnen die Superreichen*

a. ein schönes Portrait .........................................

b. eine hübsche Frau .........................................

c. eine gefährliche Situation .........................................

d. eine spannende Lektüre .........................................

e. ein angenehmes Treffen .........................................

f. ein interessantes Gespräch .........................................

## 2 Adjektive – Deklination

Die Endung eines Adjektivs ist abhängig von dem Nomen, zu dem es gehört, und von der Art des Artikelworts, das beim Nomen steht. Nomen und dazugehöriges Adjektiv teilen den gleichen Numerus (Singular oder Plural), Genus (maskulin, feminin, neutrum) und Kasus (N, G, D, A).

⚙ Wichtig ist, dass Sie die Signalendungen der Kasus kennen. Diese entsprechen den Endungen des Definitartikels:

|  | m | n | f | Plural |
|---|---|---|---|---|
| Nominativ | der | das | die | die |
| Akkusativ | den | das | die | die |
| Dativ | dem | dem | der | den |
| Genitiv | des | des | der | der |

Es gibt zwei Arten von Adjektivendungen:

**Typ 1: Der Artikel zeigt den Kasus an.**

⚙ Das ist der Fall beim Definitartikel und bei einigen Formen des Indefinitartikels.

|  | m | n | f | Plural |
|---|---|---|---|---|
| N | der nette Mann | das nette Kind | die nette Frau<br>eine nette Frau | die netten Leute |
| A | den netten Mann<br>einen netten Mann | das nette Kind | die nette Frau<br>eine nette Frau | die netten Leute |
| D | dem netten Mann<br>einem netten Mann | dem netten Kind<br>einem netten Kind | der netten Frau<br>einer netten Frau | den netten Kindern |
| G | des netten Mannes<br>eines netten Mannes | des netten Kindes<br>eines netten Kindes | der netten Frau<br>einer netten Frau | der netten Kinder |

**Typ 2: Die Adjektivendung zeigt den Kasus an.**

⚙ Das ist der Fall, wenn es keinen Artikel gibt und bei einigen Formen des Indefinitartikels.

|  | m | n | f | Plural |
|---|---|---|---|---|
| N | netter Mann<br>ein netter Mann | nettes Kind<br>ein nettes Kind | nette Frau | nette Leute |
| A | netten Mann | nettes Kind<br>ein nettes Kind | nette Frau | nette Leute |
| D | nettem Mann | nettem Kind | netter Frau | netten Kindern |
| G | netten Mannes | netten Kindes | netter Frau | netter Kinder |

**Weitere Artikelwörter:**

| Typ 1 | Typ 2 | Typ 1: Pluralformen von Typ II |
|---|---|---|
| dieser, dieses, diese, diese | kein, kein, keine | keine |
| jeder, jedes, jede, alle | irgendein, irgendein, irgendeine | irgendwelche |
| mancher, manches, manche, manche | mein, mein, meine<br>dein, dein, deine, … | meine<br>deine, … |
| welcher, welches, welche, welche | einige |  |
|  | zwei, drei, vier, … |  |

⚙ Folgen mehrere Adjektive aufeinander, werden alle gleich dekliniert, d.h. sie tragen die gleiche Endung: *das stürmische, dunkle Meer.*

⚙ Nicht dekliniert werden Adjektive, die von Ortsnamen abgeleitet wurden sowie einige Farbadjektive: *der Wiener Prater, im Wiener Prater; das lila Kleid, im lila Kleid*

**1.** Ergänzen Sie die Adjektivendungen.

1. Im Theater läuft ein neu___ Theaterstück. Das neu___ Theaterstück gefällt mir gut.
2. Da hinten steht ein groß___ Schrank. Der groß___ Schrank ist aus echtem Holz.
3. Lina trägt ein rot___ Kleid. Das rot___ Kleid steht ihr ausgezeichnet.
4. Michel hat beim Bauern frisch___ Kirschen gesehen. Die frisch___ Kirschen schmecken wunderbar.
5. Bei Angelo stehen schwarz___ Stiefel im Schaufenster. Mit diesen schwarz___ Stiefeln würde mein neu___ Kleid noch besser aussehen.

**2.** Ergänzen Sie im folgenden Werbeprospekt die Adjektivendungen.

## Neueröffnung des „Chez Fritz"

Der Tag der langersehnt___ Neueröffnung des „Chez Fritz" ist endlich da. Das alt___ Küchenteam lädt unter neu___ Leitung wieder zu kulinarisch___ Genüssen ein. Auf der vielseitig___ Speisekarte sind sowohl bekannt___ Klassiker, wie zart___ Lammkoteletts mit echt___ Schweiz___ Rösti, aber auch reizvoll___ Neuheiten, wie zum Beispiel fangfrisch___ Fisch auf würzig___ Bulgurbett, zu finden. Die hoh___ Erwartungen der verwöhnt___ Kundschaft werden nicht enttäuscht, im Gegenteil ... Aber überzeugen Sie sich selbst!

**3.** Ergänzen Sie im folgenden Brief alle fehlenden Endungen.

Sehr geehrt___ Frau Huber,

leider schreibe ich Ihnen aus unerfreuliche___ Anlass. Wie Sie sicherlich noch wissen, haben wir letzt___ Monat unser___ langersehnt___ Urlaub bei Ihnen gebucht. Zu unser___ groß___ Bedauern war jedoch von der im Katalog angekündigt___ „traumhaft___ Meersicht" nichts zu sehen, da man von unser___ baufällig___ Hotelkomplex noch nicht einmal vom Dach aus auf das kilometerweit entfernt___ Meer hätte sehen können. Auch die von Ihnen angepriesen___ „täglich frisch___ Leckereien am Fünf-Sterne-Buffet" blieben weit hinter unser___ nicht sehr groß___ Erwartungen zurück. Frisch zubereitet___ Gerichte hätten uns zu unserem Glück schon gereicht. Außerdem wurde im überaus schmutzig___ Frühstückssaal täglich trocken___ Brot auf dreckig___ Tischdecken aufgetischt.
Wir erwarten eine ausführlich___ Stellungnahme Ihrerseits und eine angemessen___ Erstattung des Preises. Zu einer ausführlich___ persönlich___ Besprechung sind wir gerne bereit.

Freundlich___ Grüße
Bertrand Layette

# Grammatik

## 3 Konjunktiv II

⊚ In der mündlichen Prüfung sollen Sie ein Foto für eine Zeitschrift auswählen und Ihre Wahl begründen. Zum Lösen dieser Aufgabe benötigen Sie den Konjunktiv II, da Sie hier Vorschläge machen sollen.

**1.  Bildung des Konjunktivs II**

**a.  Gegenwart**

Die Personalendungen des Konjunktivs II entsprechen denjenigen des Konjunktivs I.

| 1. Die Formen des Konjunktivs II leiten sich vom **Indikativ Präteritum** ab und bekommen folgende Endungen: | | | | 2. Die Verben **sein** und **haben** bilden folgende Formen: | | | |
|---|---|---|---|---|---|---|---|
| **Endungen** | | | | **sein** | | **haben** | |
| ich | -e | wir | -en | ich wäre | wir wären | ich hätte | wir hätten |
| du | -est | ihr | -et | du wärst | ihr wärt | du hättest | ihr hättet |
| er/sie/es | -e | sie | -en | er wäre | sie wären | er hätte | sie hätten |

⊚ Der Konjunktiv II wird vom Präteritum abgeleitet. Unregelmäßige, starke Verben erhalten einen Umlaut oder bilden eine besondere Form.

**Tipp:** In der Umgangssprache wird bei den regelmäßigen Verben oft die würde-Form benutzt, da der Konjunktiv II mit dem Präteritum identisch ist.

| | Unregelmäßige Verben | | | | Regelmäßige Verben | | |
|---|---|---|---|---|---|---|---|
| | Präteritum Indikativ | Gegenwart Konjunktiv II | würde-Form | | Präteritum Indikativ | Gegenwart Konjunktiv II | würde-Form |
| ich | kam | käme | würde kommen | | glaubte | glaubte | würde glauben |
| du | kamst | kämest | würdest kommen | | glaubtest | glaubtest | würdest glauben |
| er | kam | käme | würde kommen | | glaubte | glaubte | würde glauben |
| wir | kamen | kämen | würden kommen | | glaubten | glaubten | würden glauben |
| ihr | kamt | kämet | würdet kommen | | glaubtet | glaubtet | würdet glauben |
| sie | kamen | kämen | würden kommen | | glaubten | glaubten | würden glauben |

⊚ Da die Formen des Konjunktivs II der **regelmäßigen Verben** mit dem Präteritum Indikativ identisch sind, benutzt man hier oft die Ersatzform **würde + Infinitiv**. Auch die meisten unregelmäßigen Verben werden im Konjunktiv II durch **würde + Infinitiv** ersetzt. Ausnahmen sind einige häufig gebrauchte **unregelmäßige Verben**; so z. B. rufen (sie riefen), laufen (sie liefen), gehen (sie gingen), lassen (sie ließen), bleiben (sie blieben), wissen (sie wüssten), brauchen (sie bräuchten), nehmen (sie nähmen) …

*Er sagt, dass Holger und Ina arbeiteten.* ↳ *Er sagt, dass Holger und Ina arbeiten würden. Sie meint, dass sie wohl länger hierblieben.*

**b.  Vergangenheit**

⊚ Die Vergangenheit wird mit dem Konjunktiv der Hilfsverben **sein** und **haben** gebildet:

| Präteritum Indikativ | Perfekt Indikativ | Plusquamperfekt Indikativ | → Vergangenheit Konjunktiv |
|---|---|---|---|
| er kam | er ist gekommen | er war gekommen | er wäre gekommen |
| er arbeitete | er hat gearbeitet | er hatte gearbeitet | er hätte gearbeitet |
| er konnte fahren | er hat fahren können | er hatte fahren können | er hätte fahren können |

## 2. Verwendung des Konjunktivs II

Unter anderem gibt es folgende Verwendungsformen:

| Ratschläge, Vorschläge | Du solltest zum Arzt gehen. Wir könnten dieses Bild auswählen. | |
|---|---|---|
| Irreale Bedingungen | Wenn er jetzt käme, könnten wir pünktlich abfahren. | häufig eingeleitet mit *wenn* oder *falls* |
| Vermutung | Wäre so etwas überhaupt möglich? | Zögern oder Zweifeln bei einer Frage, Vermutung oder Feststellung |
| Höflichkeitsform | Könnten Sie mir helfen? | |
| Ersatz für Konjunktiv I | Mia sagt, sie kämen gleich. | als Ersatz für den Konjunktiv I, bei dessen Übereinstimmung mit dem Indikativ |

**1.** **Ergänzen Sie die Formen des Konjunktivs II in der untenstehenden Tabelle. Achten Sie dabei auf die Zeitform.**

| Indikativ | Gegenwart Konjunktiv II | Vergangenheit Konjunktiv II |
|---|---|---|
| er geht | er ginge | er wäre gegangen |
| sie kommen | | |
| ihr kauft | | |
| wir sehen | | |
| du lachst | | |
| ich fliege | | |

**2.** **Ergänzen Sie in diesem Prüfungsgespräch die Verben *werden – können – sein* im Konjunktiv II. Es soll ein Foto für einen Zeitungsartikel mit dem Thema „Die steigenden Benzinpreise" ausgewählt werden.**

**Paolo:** „Welches Bild ............................ du für die Zeitschrift aussuchen?"

**Carlo:** „Ich denke, wir ............................ das zweite Bild nehmen. Da ............................ gleich klar, worum es geht. Jeder denkt dabei gleich an die hohen Preise. Was meinst du?"

**Paolo:** „Ich ............................ eher das erste Bild wählen. Da sieht man, wie viele von uns direkt betroffen sind. Es ............................ auch noch einen weiteren Aspekt deutlich machen, und zwar, dass die Leute das Auto trotzdem nicht stehen lassen."

**Carlo:** „Ich weiß nicht, es ............................ auch ein Bild zu einem Artikel über Verkehrsüberflutung und Stau sein, meinst du nicht?"

**Paolo:** „Stimmt. Daran hatte ich nicht gedacht. Was hältst du vom 3. Bild?"

**Carlo:** „Es ist zwar ein gutes Bild, aber für den Artikel ............................ es ungeeignet."

**Paolo:** „Da stimme ich dir zu. Also, bist du einverstanden, wenn wir uns für das zweite Bild, das Foto an der Tanksäule, entscheiden ............................?"

**Carlo:** „Ja. Lass es uns so machen."

**3.** **Was würden Sie tun, wenn ...**

a. Sie immer zu spät kämen?                 Ich würde früher aufstehen.

b. Sie im Unterricht nichts verstehen würden? ............................................

c. Sie Geld bräuchten? ............................................

d. Sie die B2-Prüfung vorbereiten würden? ............................................

e. Sie eine Party organisieren sollten? ............................................

f. Sie nicht einschlafen könnten? ............................................

g. Sie Urlaub machen wollten? ............................................

# Grammatik

## 4 Konjunktiv I – Indirekte Rede

◉ Im Prüfungsteil Leseverstehen 3 müssen Sie in einem (Zeitungs-)Text Meinungen identifizieren können. Aussagen anderer Personen, also auch Meinungen, können im Deutschen auf verschiedene Art wiedergegeben werden:

| | |
|---|---|
| *Franz Bauer sagte: „Ich finde diese Entwicklung sehr gut."* | → Zitat |
| *Franz Bauer sagte, dass er diese Entwicklung sehr gut finde.* | → Indirekte Rede: Konjunktiv I |
| *Franz Bauer sagte, er finde diese Entwicklung sehr gut.* | |
| *Franz Bauer sagte, dass er diese Entwicklung sehr gut findet.* | → Indikativ |

◉ In Zeitungsartikeln, Radio- und Fernsehberichten und in der Literatur wird der Konjunktiv I verwendet, in der Umgangssprache stattdessen oft der Indikativ.

**Bildung des Konjunktivs I**

1. Die Formen des Konjunktivs I leiten sich vom **Indikativ Präsens** ab und bekommen folgende Endungen:

**Endungen**

| ich | -e | wir | -en |
|---|---|---|---|
| du | -est | ihr | -et |
| er/sie/es | -e | sie | -en |

2. Die Verben **sein** und **haben** bilden folgende Formen:

| sein | | haben | |
|---|---|---|---|
| ich sei | wir seien | ich hätte | wir hätten |
| du seist | ihr seiet | du hättest | ihr hättet |
| er sei | sie seien | er habe | sie hätten |

◉ Der Konjunktiv I wird in der Regel nur in der 3. Person Singular verwendet, alle anderen Formen werden **bei unregelmäßigen und regelmäßigen Verben** durch den **Konjunktiv II** ersetzt.

| | Unregelmäßige Verben | | | Regelmäßige Verben | | | |
|---|---|---|---|---|---|---|---|
| | Präsens Indikativ | Gegenwart Konjunktiv I | Gegenwart Konjunktiv II | Präsens Indikativ | Gegenwart Konjunktiv I | Gegenwart Konjunktiv II | Ersatzform mit würde |
| ich | komme | komme | käme | glaube | glaube | glaubte | würde glauben |
| du | kommst | kommest | kämest | glaubst | glaubest | glaubtest | würdest glauben |
| er | kommt | komme | käme | glaubt | glaube | glaubte | würde glauben |
| wir | kommen | kommen | kämen | glauben | glauben | glaubten | würden glauben |
| ihr | kommt | kommet | kämet | glaubt | glaubet | glaubtet | würdet glauben |
| sie | kommen | kommen | kämen | glauben | glauben | glaubten | würden glauben |

◉ Es gibt im Konjunktiv nur drei Zeitstufen: Zukunft, Gegenwart und Vergangenheit:

| Konjunktiv I | | | |
|---|---|---|---|
| Infinitiv | Zukunft | Gegenwart | Vergangenheit (Präteritum, Perfekt, Plusquamperfekt) |
| kommen | er werde kommen | er komme | er sei gekommen |
| arbeiten | er werde arbeiten | er arbeite | er habe gearbeitet |
| fahren können | er werde fahren können | er könne fahren | er habe fahren können |

## 1. Wie lauten die entsprechenden Konjunktivformen?

| Indikativ | Konjunktiv I | |
|---|---|---|
| | Gegenwart | Vergangenheit |
| er geht | er gehe | er sei gegangen |
| sie kommen | sie kämen | |
| ihr kauft | | |
| wir sehen | | |
| ich weiß | | |
| du bleibst | | |
| du nimmst | | |
| er lernt | | |
| wir reden | | |

## 2. Geben Sie die folgenden Aussagen in der indirekten Rede wieder.

Beispiel: Der Außenminister sagte: „Ich werde morgen noch nach Peking abreisen." ↳ Der
Außenminister sagte, dass er noch am kommenden Tage nach Peking abreisen werde.

a. Der Schriftsteller André Gide sagte: „Das Geheimnis des Glücks liegt nicht im Besitz,
sondern im Geben."
Der Schriftsteller André Gide sagte, dass ........................................................................

b. Der Libero der Siegermannschaft verkündete: „In der ersten Halbzeit hatten wir etwas zu
kämpfen. In der zweiten fanden wir dann aber unser Spiel."
Der Libero der Siegermannschaft verkündete, dass ........................................................

c. Die Schauspielerin Greta Garbo meinte einmal: „Die Freunde, die man morgens um vier
anrufen kann, die zählen."
Greta Garbo meinte einmal, dass ....................................................................................

d. Der mehrfache Turniersieger teilte im Anschluss an seinen letzten Sieg mit: „Ich
werde mich aus dem aktiven Sportgeschehen zurückziehen, bleibe aber bei der
Nachwuchsförderung aktiv."
Der mehrfache Turniersieger teilte nach seinem letzten Sieg mit, dass ..........................

## 3. Entscheiden Sie, welche der Aussagen eine wiedergegebene Äußerung ist und welche eine objektive Tatsache enthält:

Es ist unbestritten, dass alle Kinder ein Frühstück brauchen. Herr Meier betont dabei
nochmals, dass auch eine Tasse Kakao ausreiche.
- Alle Kinder brauchen ein Frühstück.                     Tatsache / ~~Äußerung~~
- Eine Tasse Kakao ist ausreichend.                      ~~Tatsache~~ / Äußerung

a. Frau Huber unterstrich in ihrer Aussage noch einmal, dass sie das Gesicht des Bankräubers
nicht habe sehen können. Auf der Sicherheitsüberwachung war er deutlich zu erkennen.
→ Der Bankräuber war gut zu erkennen.                    Tatsache / Äußerung

b. Es ist wichtig, dass Kinder schwimmen lernen. Daher bedauerte der Schulrat besonders,
dass das schuleigene Schwimmbad vorübergehend geschlossen werden müsse.
→ Es ist schade, dass das Schwimmbad geschlossen werden muss.    Tatsache / Äußerung

c. Die Polizei ließ verlauten, dass für die Ermittlungen bei der Einbruchsserie alle verfügbaren
Ermittler eingesetzt würden. Es war jedoch längst bekannt, dass der Fall zu den Akten
gelegt worden war.
→ Die Ermittlungen laufen auf Hochtouren.                Tatsache / Äußerung

d. Die stark gestiegenen Ölpreise wirken sich nicht nur auf das Fahrverhalten aus. Herr Rossi
von den städtischen Verkehrsbetrieben verkündete, dass viele wieder bereit seien, auf das
Fahrrad und öffentliche Verkehrsmittel umzusteigen.
→ Das Fahrverhalten ändert sich.                         Tatsache / Äußerung

# Grammatik

## 5 Negation

### 1. Verneinung mit *nicht* und *kein*

| *Nicht* verneint: | Beispiele |
|---|---|
| a. Nomen mit dem Definitartikel | *Das ist nicht der Arzt, das ist der Pfleger.* |
| b. Nomen mit Präpositionen | *Der Kaffee ist nicht mit Zucker gesüßt.* |
| c. Pronomen | *Ich sehe ihn nicht.* |
| d. Pronominaladverbien | *Ich möchte nicht darüber sprechen.* |
| e. Adjektive | *Das Wetter ist nicht gut.* |
| f. Adverbien | *Er kam gestern nicht.* |
| *Kein* verneint: | |
| a. Nomen mit dem Indefinitartikel | *Das ist kein guter Wein.* |
| b. Nomen mit dem Nullartikel | *Ich esse keinen Kuchen.* |

### 2. Positionen von *nicht* im Satz

#### a. Satznegation

| | | | |
|---|---|---|---|
| Ich gebe ihm das Bild | nicht. | | Satzende |
| Ich rufe ihn heute | nicht | an. | trennbare Verben |
| Hans ist wirklich | nicht | mein Bruder. | sein + Substantiv |
| Der Film ist | nicht | sehenswert. | sein + Adjektiv |
| Herr Schmidt ist heute | nicht | da. | sein + Adverb |
| Der Zug fährt heute | nicht | schnell. | Adverb: wie? |
| Das Flugzeug kommt | nicht | aus Hamburg. | Präpositionalobjekt |
| Hans kann überhaupt | nicht | schwimmen. | Modalverb |
| Hans ist noch | nicht | gekommen. | Perfekt |
| Hans wird heute | nicht | kommen. | Futur |
| Hans würde | nicht | kommen. | Konjunktiv II |

Vor *nicht* stehen: Nominativ-, Genitiv-, Dativ- und Akkusativergänzungen.

| | | |
|---|---|---|
| Wir kaufen den neuen Roman von Peter Schmidt | nicht. | |
| Wir haben dem Mann unserer Nachbarin die Tür | nicht | vor der Nase zugeschlagen. |

#### b. Teilnegation

**Beispiele:** Ich gebe nicht *ihm* das Bild, sondern *ihr*. Susi ruft ihn nicht *heute* an, sondern *morgen*.

⚙ *Nicht* negiert hier nur ein Element das Satzes und steht vor diesem Element.

### 3. Weitere Negationsformen:

| Bedeutung | Wortform | Verneinung | Beispiel |
|---|---|---|---|
| Personen | man, jemand | niemand | *Niemand versteht dich und du verstehst niemanden.* |
| Dinge | etwas | nichts | *Ich will nichts essen und habe nichts eingekauft.* |
| Begleitwort | ein- | kein- | *Ich habe keine saubere Hose mehr.* |
| | ohne Artikel | | *Ich mag kein Gemüse und esse auch keinen Salat.* |
| Zeitadverb | irgendwann | nie, niemals | *Das hätte ich nie gedacht. Ich habe noch niemals so gelacht!* |
| Ortsadverb | irgendwo | nirgendwo nirgends | *Ich kann die Geschenke nirgendwo finden.* *Ich kann die Geschenke nirgends finden.* |
| Richtungs- adverb | irgendwohin irgendwoher | nirgendwohin nirgendwoher | *In den Ferien reisen wir nirgendwohin.* *Nach der Pleite bekommt er nirgendwoher Kredit.* |

### 4. Auch mit Präfixen und Suffixen können Wörter negiert werden. Dazu gehören:

| Präfixe | Suffixe |
|---|---|
| a-, an-, des-, il-, ir-, in-, non-, miss-, un- | -frei, -leer, -los |

**Beispiel:** Das Buch ist *un*verkäuflich. ↳ Man kann es *nicht* kaufen.

**1.** Er und sie: Verneinen Sie die folgenden Sätze mit Hilfe der Negationen *nicht* und *kein*.

a. Er liebt große Hunde, aber sie liebt keine großen Hunde.
b. Er trinkt gern Bier, aber sie …
c. Er sieht gern fern, aber sie …
d. Er isst gern Gulasch, aber sie …
e. Er fährt gerne in die Berge, aber sie …
f. Er mag den Winter, aber sie …
g. Er schaut Sportsendungen, aber sie …
h. Er liest Krimis, aber sie …
i. Er geht gern zum Fußball, aber sie …

**2.** Beantworten Sie die Fragen mit Hilfe der Formen *niemand, nichts, nie, niemals, nirgendwo, nirgendwohin*.

a. Ist da jemand? Nein, da ist niemand.
b. Warst du schon in Paris?
c. Hast du heute etwas Besonderes gemacht?
d. Gehst du manchmal surfen?
e. Fährst du in den Ferien irgendwohin?
f. Gibt es hier irgendwo eine Telefonzelle?
g. Hat jemand meine Sonnenbrille gefunden?
h. Hast du etwas eingekauft?
i. Hast du schon etwas gegessen?

**3.** Verneinen Sie die folgenden Wörter mit Hilfe der Präfixe und Suffixe aus der Übersicht auf der gegenüberliegenden Seite.

**Waagerecht:**

2. Jemand, der an nichts Interesse hat, ist …
7. Jemand, der das Anderssein von Menschen nicht akzeptiert, ist …
9. Eine Sitzung, die chaotisch abläuft, ist …
10. Etwas, das nicht sehr stabil ist, ist …
11. Ein Tag, an dem nicht gearbeitet werden muss, ist …
12. Jemand, der sich nicht für Politik interessiert, ist …

**Senkrecht:**

1. Materie, die nicht organisch ist, ist …
3. Etwas, das keinen Sinn hat, ist …
4. Jemand, der unvernünftig handelt, handelt …
5. Etwas, das man nicht akzeptieren kann, ist …
6. Eine Straße, in der kein Mensch ist, ist …
8. Etwas, das nicht charakteristisch für eine Person ist, ist …

# Grammatik

## 6 Konnektoren

Im Schriftlichen Ausdruck, Teil 1, sollen Sie einen eigenen Text zu einem Thema verfassen. Ein Bewertungskriterium ist dabei, ob Sie Ihren Text zusammenhängend gestalten und die Sätze und Gedanken miteinander verknüpfen. Dafür brauchen Sie Konnektoren. Auch im Leseverstehen, Teil 3, spielen Konnektoren eine wichtige Rolle. In diesem Prüfungsteil sollen Sie Aussagen bewerten. Konnektoren geben Ihnen dabei oft wichtige Hinweise, wie der Autor zu einem Thema steht.

### 1. Konjunktionen

**Aduso-Wörter:** *aber*, *denn*, *und*, *sondern*, *oder*. Diese Wörter verbinden zwei Hauptsätze. Sie selbst stehen auf Position 0, es gibt also keine Inversion.

| Hauptsatz 1 | | Hauptsatz 2 | | | |
|---|---|---|---|---|---|
| *Fernando kommt aus Spanien* | *und* | *er* | *lernt* | *jetzt* | *Deutsch.* |
| | Position 0 | Position 1 | Position 2 | | |
| | Konjunktion | Subjekt | Verb | | |

### 2. Verbindungsadverbien und Nebensatzkonnektoren

| Adverbien Verb auf Position 2 (Hauptsatz) | Subjunktionen Verb steht am Ende (Nebensatz) | Bedeutung |
|---|---|---|
| auch, außerdem, ebenso, ebenfalls, zudem | | Zusammenschluss (koordinativ) |
| sonst, andernfalls, ansonsten | | Ausschluss (disjunktiv ) |
| damals, dann, danach, später, seitdem, davor, zuvor, gleichzeitig, vorher, anschließend | während, seit, wenn, nachdem, bevor, als, bis, sobald | Zeitpunkt und Zeitdauer (temporal) |
| also, demnach, so, somit, folglich, infolgedessen | ohne dass, sodass, als dass | Abfolge (konsekutiv) |
| daher, darum, deshalb, deswegen, aus diesem Grund | weil, da, zumal | Ursache – Wirkung (kausal) |
| | damit, um … zu (Infinitiv) | Zweck, Absicht (final) |
| dann | wenn, falls, sofern | Bedingung (konditional) |
| trotzdem, dennoch, nichtsdestoweniger, ungeachtet (dessen) | obwohl, wenn … auch | Einräumung (konzessiv) |
| doch, jedoch, allerdings, wohl, nur | während, wohingegen | Gegensatz (adversativ) |
| | indem, ohne dass, insofern, wenn (vergleichend wie als, als ob, wie | Umstand/Art und Weise (modal) |

### 3. Zweiteilige Konnektoren

| Amina | lernt | sowohl | Englisch | als auch | Spanisch. |
|---|---|---|---|---|---|
| Paolo | lernt | nicht nur | Englisch, | sondern auch | Spanisch. |
| Klaus | lernt | weder | Englisch | noch | Spanisch. |
| Thipa | lernt | entweder | Englisch | oder | Spanisch. |

| Amina | lernt | nicht nur | Englisch, | sondern | sie | lernt auch | | Spanisch. |
|---|---|---|---|---|---|---|---|---|
| Amina | lernt | entweder | Englisch | oder | sie | lernt | | Spanisch |
| Amina | spricht | weder | Englisch, | noch | | spricht | sie | Spanisch. |

**1.** **Verbinden Sie die Sätze mit den angegebenen Konnektoren. Achten Sie dabei auf die Satzstellung.**

a. Sie musste schon gehen. Ihr Freund kam.                                      *bevor*

.....................................................................................................................................

b. Die Schüler machten Unsinn. Der Lehrer schrieb etwas an die Tafel.        *während*

.....................................................................................................................................

c. Das Baby weint. Das Baby bekommt etwas zu trinken.                       *bis*

.....................................................................................................................................

d. Sie darf ihre Augen nicht öffnen. Sie kann das Geschenk nicht erraten.      *damit*

.....................................................................................................................................

e. Hans war erst spät ins Bett gegangen. Hans erwachte früh.              *obwohl*

.....................................................................................................................................

f. Er spülte das Auto ab. Er trocknete es ab. Es begann zu regnen.        *und, ehe*

.....................................................................................................................................

g. Sie fragte uns nicht. Sandra darf mitkommen. Wir haben nichts dagegen.   *ob, aber*

.....................................................................................................................................

h. Ihre Katze ist gestorben. Sie ist immer traurig.                         *seitdem*

.....................................................................................................................................

i. Susi hat einen Schlüssel. Susi schließt die Tür nicht auf. Susi klopft.   *aber, sondern*

.....................................................................................................................................

j. Meine Mutter macht das Essen. Sie kommt vom Einkaufen nach Hause.     *sobald*

.....................................................................................................................................

**2.** **In der folgenden Meldung gibt es fünf falsche Konnektoren. Finden und korrigieren Sie diese.**

**Gute Tat aus Hollywood**

Bevor der junge Star und Publikumsliebling Hektor Rodriguez ganz unerwartet und auf tragische Weise ums Leben kam, seitdem die Dreharbeiten zu seinem neuesten Film „Die skurrilen Welten des Doktor H." abgeschlossen waren, übernahmen Conor Heartland, Tom Bellino und Sean Farley seine Rolle in Rodriguez letztem Film. Stattdessen hätte der Film nicht zu Ende gedreht werden können. Jeder der drei spielte eine Version der Hauptfigur, wenn diese durch die Dimensionen reist. Dies war jedoch nicht das Einzige, was das Trio für seinen geschätzten und allseits geachteten Kollegen tat. Wenn sie erfuhren, dass der Schauspieler seine erst kürzlich geborene Tochter Ciara noch nicht in sein Testament aufgenommen hatte, spendeten Heartland, Bellino und Farley ihre Honorare kurzerhand an Ciara, damit für das kleine Mädchen gesorgt ist.

**3.** **Setzen Sie einen passenden zweiteiligen Konnektor ein.**

a. Klaus mag .............................. frischen Fisch .............................. Fleisch.

b. In Deutschland gibt es .............................. viele landschaftlich reizvolle Orte,
.............................. viele interessante Städte.

c. Viele Leute interessieren sich .............................. für Kunst .............................. für naturwissenschaftliche Fragestellungen, selten für beides.

d. Um gesund zu bleiben, sollte man .............................. auf die Ernährung achten,
.............................. auf regelmäßige Bewegung.

e. Viele Studenten beherrschen .............................. die deutsche Sprache sehr gut,
.............................. sie kennen oft auch die österreichische Geschichte.

# Grammatik

## 7 Passiv

Das Passiv betont im Deutschen eine Handlung. Die Person, die diese Handlung ausführt, ist nicht interessant. Im Deutschen gibt es im Unterschied zu vielen anderen Sprachen *zwei* Passivformen:

| | |
|---|---|
| Die E-Mail *wird* gerade geschrieben. | Die E-Mail *ist* bereits geschrieben. |
| → Betonung der Handlung | → Betonung des Resultats |
| **Vorgangspassiv** | **Zustandspassiv** |

### Zeitformen

| Zeitform | Vorgangspassiv | Zustandspassiv |
|---|---|---|
| **Präsens** | Die E-Mail **wird** geschrieben. | Die E-Mail **ist** geschrieben. |
| **Präteritum** | Die E-Mail **wurde** geschrieben. | Die E-Mail **war** geschrieben. |
| **Perfekt** | Die E-Mail **ist** geschrieben **worden**. | |
| **Plusquamperfekt** | Die E-Mail **war** geschrieben **worden**. | |
| **Futur I** | Die E-Mail **wird** geschrieben **werden**. | |

### Passivtransformation

| Aktiv | Passiv | Transformation |
|---|---|---|
| Das Publikum begrüßt den Dirigenten. | Der Dirigent wird vom Publikum begrüßt. | Das Akkusativobjekt wird zum Subjekt des Passivsatzes. |
| Das Publikum klatscht. | a) Vom Publikum wird geklatscht. <br> b) *Es* wird vom Publikum geklatscht. | Der Passivsatz hat kein Subjekt. *Es* tritt an die erste Stelle. |
| Der Pianist hilft dem Dirigenten auf die Bühne. | a) Dem Dirigenten wird vom Pianisten auf die Bühne geholfen. <br> b) *Es* wird dem Dirigenten vom Pianisten auf die Bühne geholfen. | Der Passivsatz hat kein Subjekt. <br><br> *Es* oder das unveränderte Dativobjekt können auf Position 1 gestellt werden. |

### Verben, die kein Passiv bilden

Im Deutschen können fast alle Verben, die ein **Akkusativ-Objekt** haben, ein Vorgangspassiv bilden. Doch gibt es auch Verben, die kein Passiv bilden, obwohl sie ein Akkusativ-Objekt haben:

| Verben, die kein Passiv bilden | Beispiele |
|---|---|
| Verben, die einen Besitz anzeigen | *haben/bekommen/besitzen* |
| Verben, die ein eigenes Körperteil bezeichnen | *sich die Hände waschen, sich den Arm brechen* |
| Modalverben | *etwas können* |
| reflexive Verben | *sich ärgern, sich freuen, sich schnäuzen* |
| feste Wendungen mit Akkusativ-Objekt | *es gibt etwas, sich Sorgen machen, jemandem/ etwas Rechnung tragen* |

**1.** Schreiben Sie: Was wird gerade gemacht? Was ist bereits gemacht?

| Dokumente kopieren – Verträge unterschreiben – Kaffee kochen – Aufträge bestätigen – Mitarbeiter einstellen – Dienstreisen planen – Mitarbeiter informieren | |
|---|---|

| Vorgangspassiv | Zustandspassiv |
|---|---|
| *Die Dokumente werden gerade kopiert.* | *Die Dokument sind bereits kopiert.* |
| | |
| | |
| | |
| | |

**2.** Passiv im Präsens, Präteritum und Perfekt: Was wird von Ihnen gemacht, um die Prüfung vorzubereiten?

| Vokabeln lernen – Grammatik wiederholen – Zeitungen lesen – Briefe schreiben – Radio hören – Online-Aufgaben machen | | |
|---|---|---|

| Präsens | Präteritum | Perfekt |
|---|---|---|
| *Die Vokabeln werden gelernt.* | *Die Vokabeln wurden gelernt.* | *Die Vokabeln sind gelernt worden.* |
| | | |
| | | |
| | | |

**3.** Was ist in den letzten Monaten verändert worden? Formulieren Sie die Sätze im Passiv Präteritum.

a. Man hat viele Häuser in der Altstadt renoviert. ............................................

b. Man hat Spielplätze angelegt. ............................................

c. Man hat Parkplätze neu gebaut. ............................................

d. Man hat die Gehwege ausgebessert. ............................................

e. Man hat Radwege ausgebaut. ............................................

f. Man hat einen neuen Park geplant. ............................................

g. Man hat den Müll weggeräumt. ............................................

h. Man hat die Stadt attraktiver gemacht. ............................................

**4.** Ergänzen Sie im folgenden Text die Passivformen. Achten Sie auf die Zeitform und die indirekte Rede.

### Einbruchserie als Zeitvertreib

Wie gemeldet ................, gab es in den vergangenen Wochen in verschiedenen Bezirken immer wieder eine erhebliche Anzahl von Anschlägen auf Autos. Wie sich nun herausstellte, ................ von den Tätern dabei keineswegs versucht, die Autos zu stehlen. Die Siedlungen ................ dabei eher zufällig gewählt, auch ................ von den Tätern völlig ignoriert, ob es sich um Wagen mit Wegfahrsperre handelte oder nicht. Nun ................ die Täter dingfest gemacht. Von einem Polizeisprecher ................ mitgeteilt, die ganze Bande, 13 Jugendliche an der Zahl, ................ gefasst und sind in Untersuchungshaft. Als Tatmotiv ................ von allen Langeweile genannt ................ .

## 8 Passiv mit Modalverben – Passiversatzformen

◌ Das Passiv kann auch mit Modalverben gebildet werden. Folgende Zeitformen sind wichtig:

| Zeitform | Passiv mit Modalverben – Indikativ | | |
|---|---|---|---|
| **Präsens** | Vor der Prüfung **muss** | der Text | **gelesen werden.** |
| **Präteritum** | Vor der Prüfung **musste** | der Text | **gelesen werden.** |
| **Perfekt** | Vor der Prüfung **hat** | der Text | **gelesen werden müssen.** |
| **Plusquamperfekt** | Vor der Prüfung **hatte** | der Text | **gelesen werden müssen.** |

Auch der Konjunktiv kann im Passiv gebildet werden:

| Zeitform | Passiv mit Modalverben – Konjunktiv II | | |
|---|---|---|---|
| **Gegenwart** | Vor der Prüfung **müsste** | der Text | **gelesen werden.** |
| **Vergangenheit** | Vor der Prüfung **hätte** | der Text | **gelesen werden müssen.** |

### Passiversatzformen

◌ Diese Formen können anstelle eines Passivsatzes verwendet werden. Bei der Umwandlung ins Passiv müssen Sie ein Modalverb benutzen.

| Passiversatzform | Passiv mit Modalverb |
|---|---|
| sein + Adjektiv auf – bar / - abel | |
| Seine Entscheidung ist inakzeptabel. | Seine Entscheidung **kann** nicht akzeptiert werden. |
| Deine Idee ist nicht realisierbar. | Deine Idee **kann** nicht realisiert werden. |
| sich lassen + Infinitiv | |
| Die Tür lässt sich nur schwer öffnen | Sie **kann** nur schwer geöffnet werden. |
| es gilt + Infinitiv + zu | |
| Viele Aufgaben gilt es zu lösen. | Viele Aufgaben **müssen** gelöst werden. |
| es heißt + Infinitiv + zu | |
| Es heißt, eine Krise zu vermeiden. | Eine Krise **muss / soll** vermieden werden. |
| sein + Infinitiv + zu | |
| Unfälle sind nicht immer zu vermeiden | Unfälle **können** nicht immer vermieden werden. |
| Mit Waffen ist nicht zu spaßen. | Mit Waffen **darf** nicht gespaßt werden. |
| haben + Infinitiv + zu | |
| Ich weiß nicht, was ich zu erwarten habe. | Ich weiß nicht, was ich erwarten **darf / kann.** |
| es gibt + Infinitiv + zu | |
| Für die Klausur gibt ist es noch viel zu tun. | Für die Klausur **muss** noch viel getan werden. |
| bleiben + Infinitiv + zu | |
| Diese Sache bleibt noch zu tun. | Diese Sache **muss** noch getan werden. |

**1.** Vor der Prüfung: Was muss noch gemacht werden? Schreiben Sie.

Die Vokabeln müssen noch gelernt werden.

....................................................................................................................

....................................................................................................................

....................................................................................................................

....................................................................................................................

....................................................................................................................

**2.** Nach der Prüfung: Was hätte besser gemacht werden müssen?

Die Vokabeln hätten besser gelernt werden müssen.

....................................................................................................................

....................................................................................................................

....................................................................................................................

....................................................................................................................

....................................................................................................................

**3.** Wie heißt das Adjektiv?

a. Eine Handschrift, die man gut lesen kann, ist …
b. Eine Idee, die in die Realität umgesetzt werden kann, ist …
c. Pilze, die nicht giftig sind, sind …
d. Müll, der wiederverwertet werden kann, ist …
e. Ein Weg, der begangen werden kann, ist …
f. Ein Computer, der getragen werden kann, ist …

**4.** Lesen Sie den Text und formen Sie die Passivsätze in Passiversatzformen um.
(können ↳ sich lassen + Infinitiv, sollen / müssen ↳ sein + zu )

## Tipps und Tricks zur Prüfungsvorbereitung

Zur Vorbereitung können vielfältige Quellen genutzt werden. Hören Sie Radio, sehen Sie fern und lesen Sie die Zeitung. Treffen Sie Freunde und reden Sie über Gott und die Welt. Hausaufgaben, die Sie im Kurs bekommen, sollten erledigt werden. Wussten Sie schon, dass pro Tag höchstens fünf neue Wörter gelernt werden können? Vergessen Sie aber nicht, dass dafür bereits gelerntes Vokabular von Zeit zu Zeit wiederholt werden muss. Texte zu verfassen sollte von Ihnen oft geübt werden, denn das Schreiben lernen Sie nur, indem Sie es tun.

# 9 Positionen im Satz

## 1. Position 1

In der 1. Position in Hauptsätzen können unterschiedliche Satzglieder stehen. Ein vorangestelltes, betontes Satzglied wird durch die Umstellung hervorgehoben, mit Ausnahme des Subjekts.

|  | 1. Position | Verb | obligatorische und freie Satzglieder | Verb-Rest |
|---|---|---|---|---|
| Subjekt | Der Gärtner | hat | seine Pflanzen im Winter von Hand | gegossen. |
| Objekt | Seine Pflanzen | hat | der Gärtner im Winter von Hand | gegossen. |
| Angabe | Im Winter | hat | der Gärtner seine Pflanzen von Hand | gegossen. |
| Angabe | Von Hand | hat | der Gärtner seine Pflanzen im Winter | gegossen. |
| Fragewort | Was | hat | der Gärtner im Winter von Hand | gegossen? |
| Nebensatz | Als Winter war, | hat | der Gärtner seine Pflanzen von Hand | gegossen. |

## 2. Satzmitte

### a. Subjekt und Objekte in Haupt- und Nebensatz: obligatorische Satzglieder

| | |
|---|---|
| Subjekt vor nominalen Objekten (D vor A) | Gestern hat Maria (Subj.) Hans (D) ein Kätzchen (A) zum Geburtstag geschenkt. |
| Personalpronomen nah an 2. Position, N vor A vor D | Zum Geburtstag wollen sie es mir doch noch nicht schenken. |
| Reflexivpronomen nah an 2. Position, vor anderen Pronomen | Dieser Elefant wälzt sich gern im Sand. |
| Objekte mit Definitartikel vor Objekten mit Indefinitartikel | Die Polizei hat die Handschellen (bestimmt) einem Verbrecher (unbestimmt) angelegt. |
| Belebte Objekte vor unbelebten Objekten | Die Polizei hat dem Verbrecher (belebt, D) die Handschellen (unbelebt, A) angelegt. |

### b. Adverbiale Angaben: fakultative Satzglieder

| Position 1 und 2 | Mittelfeld | | | | | Satzende |
|---|---|---|---|---|---|---|
| | 1. temporal: Zeitpunkte Zeitdauer | 2. kausal, final, konzessiv, konditional: Grund, Zweck, Einschränkung | 3. modal: Einstellung des Sprechers | 4. modal: Art & Weise, Mittel | 5. lokal: Ort und Richtung | |
| Der Gärtner hat | im Winter | wegen der Kälte | vermutlich | oft | im Treibhaus | geheizt. |

## 3. Satzende

Finite Nebensätze stehen meist im Nachfeld.

| Hauptsatz | rechte Satzklammer Verb | Nachfeld |
|---|---|---|
| Er hat mir heute | erzählt, | dass er bald Geburtstag hat. |
| Sie hat sich | eingecremt, | damit sie keinen Sonnenbrand bekommt. |

Infinite Nebensätze stehen meist im Nachfeld.

| | | |
|---|---|---|
| Robert hatte ihr | versprochen, | vor Mitternacht zu Hause zu sein. |
| Sie hat sich gut | eingecremt, | um keinen Sonnenbrand zu bekommen. |

**1.** **Ordnen Sie die Sätze.**

a. Er fährt – mit dem Zug – nach Spanien – morgen.
b. Sie begleitet – bis zur Grenze – ihren Freund.
c. Wir schenken – eine Flasche Wein – unseren Freunden.
d. Wir schicken – per Post– sie – ihnen.
e. Die Studenten – die Prüfung – gut – kennen.
f. Sie haben – vorbereitet – gut – sich – darauf.
g. Ich empfehle – die neue CD von Laola – Ihnen.
h. Ich fliege – heute Abend – nach Tokio – nach dem Konzert.
i. Ich kaufe – einen Mantel – mir.
j. Ich kaufe – mir – ihn.
k. Heute hat Cecilia – zum Geburtstag – eine große Torte – Steven – gebacken.
l. Weil die Torte eine Überraschung war, hat – ihm – sie – es – nicht gesagt.

**2.** **Im folgenden Bericht sind die Satzglieder durcheinandergeraten. Bringen Sie die Sätze, wo nötig, wieder in die richtige Reihenfolge.**

a. Für erhebliche Unruhe hat einiger Gastwirte die Entscheidung gesorgt, Kinder aus ihren Restaurants zu verbannen.

........................................................................

b. Kunden sich wundern, und Eltern entrüstet sind.

........................................................................

c. Politiker eines solchen Verbots bezweifeln die Rechtmäßigkeit.

........................................................................

d. Die Gastwirte sich verteidigen und ihre Entscheidung jedoch.

........................................................................

e. Ihnen seien Kunden weggeblieben, die keine Lust hatten auf Kindergeschrei, berichteten sie.

........................................................................

f. Also zu Tisch, denn müssen nämlich diese draußen bleiben, aber ohne Kinder.

........................................................................

**3.** **Im folgenden Text ist die Satzstellung sehr monoton. Die Sätze sind im immer gleichen Muster aneinandergereiht. Formulieren Sie den Text um. Arbeiten Sie dabei nicht nur mit Synonymen und Pronomen, sondern nehmen Sie auch Veränderungen in der Satzstellung vor.**

### Valentin ist zu gut für die Kinderliga

Valentin spielt mit großer Begeisterung in der Kinder-Baseball-Liga. Valentin ist sehr talentiert und erst neun. Er wirft so schnelle Bälle, dass der Verband verlangt, Valentin aus dem Team zu nehmen. Valentin wurde vom Verband verboten, weiter als Werfer an Spielen teilzunehmen. Valentin zeigte sich enttäuscht, sein Trainer ließ verlauten, dass er sich weigere, Valentin von der Spielerliste zu streichen. Valentins Mitspieler und deren Eltern stehen ganz hinter Valentin, und sogar andere Mannschaften aus der Liga. Als Valentin am vergangenen Wochenende von den Schiedsrichtern nicht aufs Spielfeld gelassen wurde, setzten sich sowohl Valentins Mannschaft wie auch die gegnerische Mannschaft aufs Spielfeld und weigerten sich zu spielen. Die Eltern und Trainer beider Mannschaften taten es ihnen gleich. Eine Stellungnahme der Liga liegt bis jetzt nicht vor.

# Grammatik

## 10 Textaufbau

Gliederung

Das Lernen mit Computern und dem Internet macht Kids zwischen fünf und 15 Jahren schlauer. Den Beweis dafür haben jetzt Wissenschaftler des Instituts für Angewandte Lernforschung mit einer neuen Studie erbracht.

Sie untersuchten dabei verschiedene Faktoren. Wenn Kinder offline mit der Hilfe von Software lernten, dann waren die Ergebnisse bei zwölf Prozent der Kinder in Mathematik, 16 Prozent in Deutsch und sieben Prozent bei Fremdsprachenkenntnissen besser. Lernten die Jungen und Mädchen hingegen online, wurden ihre Leistungen noch stärker. In Mathematik erzielten zehn Prozent, in Deutsch 22 Prozent und bei den Fremdsprachen sogar 26 Prozent der Schüler bessere Resultate. Am schlechtesten waren die Ergebnisse bei Kindern, die keinen Zugang zu den neuen Medien haben.

Für den Lernerfolg der Jugendlichen ist es demnach von Bedeutung, ob sie zu Hause einen PC und das Internet nutzen können oder nicht.

| *Verweiswörter* | Konnektoren | Synonyme in diesem Kontext |

Texte sind zusammenhängende Äußerungen. Der Zusammenhang wird auf vielfältige Art und Weise hergestellt:

1. **Inhaltlicher Zusammenhang**
   Es gibt einen „roten Faden", wiederkehrende Personen, eine Geschichte.

2. **Strukturierter Aufbau**
   Texte sind in Abschnitte mit unterschiedlicher Funktion gegliedert.

3. **Grammatischer Zusammenhang**
   Dieser wird mittels Verweiswörtern, Konnektoren (s. Seite 144) hergestellt.

   **Verweiswörter können sein:**

   | Pronomen, Artikel | er, sie, es, … der, die, das, … dieser, diese, dieses, jener, … |
   |---|---|
   | Adverbien | dort, da, hier, dann, so, damals, früher, später, … |
   | Pronominaladverbien | da(r)+ Präposition: darüber, darauf, damit, … |
   | | wo(r)+ Präposition: worauf, wofür, womit, wovon, … |

4. **Lexikalischer Zusammenhang**
   Dieser entsteht durch stilistische Bezüge zwischen Wörtern, durch die Verwendung von Synonymen.

## 1. Bilden Sie Sätze mit Pronomen oder Pronominaladverbien – je nachdem, was richtig ist.

Beispiel: *Frank will ein Autorennen fahren. Seine Frau hält nichts von Autorennen. Seine Frau hält nichts davon.*

a. Ich freue mich auf Weihnachten, obwohl jetzt erst Pfingsten ist. Ich freue mich schon
   ............................. .

b. Wie bitte? Ich habe dich nicht ganz verstanden. ............................. freust du dich jetzt schon?

c. Für Oma ist es nicht schlimm, wenn die Enkel Unsinn machen. Sie lächelt nur
   ............................. .

d. Nach einem Länderspiel hupen viele Autos. Die Nachbarn regen sich ............................. auf.

e. Frank ist von einer Weltreise zurückgekehrt und erzählt heute Abend ............................. .

f. Ich muss dauernd ............................. denken, wie schön das Geburtstagsfest doch war.

g. Weißt du eigentlich, ............................. sich dein Ältester in der Schule hauptsächlich beschäftigt?

h. Bevor wir eine Reise buchen, müssen wir ............................. sprechen, wohin wir fliegen wollen.

i. Dieser Vertrag ist erst gültig, wenn Sie Ihre Unterschrift ............................. setzen.

j. Könntest du mir erklären, ............................. es in deinem Buch geht.

k. ............................. ist diese Taste auf deinem Handy?

l. Viele Menschen demonstrieren ............................. , dass die Firma geschlossen wird.

## 2. Kreuzen Sie an, zu welchem Gliederungsteil die Redemittel gehören.

| Häufig gebrauchte Redemittel | Einleitung | Hauptteil | Schluss |
|---|---|---|---|
| Sehr geehrte Damen und Herren, … | | | |
| Mit freundlichen Grüßen / Freundlicher Gruß | | | |
| Meiner Meinung nach … | | | |
| Aus diesen Gründen … | | | |
| Hier geht es doch um … | | | |
| Ich glaube / finde / meine / denke, dass … | | | |
| und dann … / …, aber … / danach … | | | |
| Liebe(r) …, / Hallo …, / Hi! | | | |
| Erstens … zweitens … / einerseits … andererseits … | | | |
| Ich schreibe Ihnen, weil … / Ich habe gehört, dass … | | | |
| Tschüss | | | |

## 3. Ergänzen Sie im folgenden Text passende Verweiswörter und Konnektoren.

Das Motto der Woche des Hörens lautet nicht „Wie bitte?", sondern kurz und präzise „Was?". Bei ......................... Aktion des Forums „Gesundes Ohr" können Interessierte einen kostenlosen Hörtest machen lassen. ......................... stellt ein ausgebildeter Hörakustiker fest, ob und wie weit das Hörvermögen eingeschränkt ist. ......................... können die Akustiker ......................... Auskunft geben, ......................... im Falle einer Schwerhörigkeit zu tun ist. Ein vermindertes Hörvermögen bedeutet verringerte Lebensqualität und kann zur gesellschaftlichen Isolation führen. Viele Menschen ......................... haben Angst vor einem Test, ......................... moderne Hörgeräte heute so klein und leistungsstark sind, dass ......................... eine Schwächung des Gehörs gut und unauffällig beseitigt werden kann.

# Transkription der Hörtexte

1  **Heiner**

Hallo, hier spricht Heiner. Du hattest mir doch das Programm für unseren Veranstaltungskalender für die Wintersaison geschickt. Ich habe alles überprüft und wollte dir nun die Änderungen durchgeben. Ich spreche dir die Korrekturen einfach aufs Band. Es sind nicht viele. Keine Angst.

Beim Herbstwandern am 15.9. würde ich die Kilometer noch angeben, damit auch alle wissen, worauf sie sich einlassen. Ich habe nachgeschaut, es sind etwa 15 km.

Beim 31.10. steht bei der Anmeldung für das Kürbisschnitzen einfach nur abends, es sollte aber zwischen 19.00 und 21.00 Uhr lauten.

Weiter, am 10.11. beim Kerzenziehen fehlen die Angaben zur Ausrüstung. Ich glaube aber, dass ist richtig so. Denn wir brauchen ja nichts. Kontrollierst du vielleicht noch mal, ob wir wirklich nichts mitbringen müssen? Danke! Beim Treffpunkt fehlt allerdings der Ort. Du müsstest noch die alte Stahlgießerei hinzufügen.

Am 6.12. findet das Eislaufen mit dem Nikolaus statt. Es steht einfach fünf Euro beim Unkostenbeitrag. Das stimmt für die Erwachsenen, aber der Beitrag für Kinder und Schüler fehlt, die bezahlen nämlich nur drei Euro.

Für die Silvesterfeier sollen sich alle bei Inga anmelden. Da ist allerdings ihre alte Mailadresse hineingerutscht. Die ist nicht mehr gültig. Zudem hat sie mir gesagt, es wäre ihr lieber, wenn sich die Leute per Telefon anmelden. Ihre Nummer lautet – schreibst du mit? – 0555 – 37 48 29.

So, zum Schluss würde ich beim Skiwochenende noch ergänzen, dass die Skier gemietet werden können. Es macht also nichts, wenn jemand keine Skier mehr hat oder so. Es gibt alles dort.

Das war's auch schon. Das sollten alle Änderungen sein. Dann kann das Programm raus.

Tschüss und bis bald.

2  **Lilli**

Hallo, hier ist Lilli. Ich habe den Belegungsplan der Säle für die kommenden Veranstaltungen bekommen und durchgesehen. Ich habe alles überprüft und einige Anmerkungen. Ich spreche sie dir jetzt einfach auf den Anrufbeantworter. Es sind nicht viele Änderungen nötig.

Bei der Firmenfeier vom 20. April sind drei Veganer vorgemerkt für das Spezialmenü. Es handelt sich aber um vier Vegetarier. Das gibt dem Koch einen etwas größeren Spielraum.

Für die Hochzeit am 10. Mai hast du den großen Rittersaal reserviert. Es sind nur 60 Personen. Ich denke, der kleine Rittersaal reicht da völlig aus. Wenn ich mich recht erinnere, ist der große Saal auch bereits für eine andere Großveranstaltung vorgesehen.

Bei der Firma Petzold fehlt der Kontakt. Hast du da eine Telefonnummer? Ich habe nur eine Mailadresse. Das ist a.meyer – Meyer mit ey – @petzold.eu. Für das Seminar vom 20.–22. Juni muss der Titel der Veranstaltung angeschrieben werden. Einer von uns sollte vielleicht noch einmal nachfragen, ob es immer um das gleiche Thema geht oder ob an den verschiedenen Tagen auch verschiedene Themen behandelt werden. Machst du das? Ich habe in meinen Unterlagen nur den Titel „interne Weiterbildung" gefunden.

| | | |
|---|---|---|
| | | Am 9. Juli gibt es einen Fehler bei der Telefonnummer. Diese lautet richtig 0555 - 56 48 19.<br><br>Für das Jubiläum am 21.7. bringt Frau Weber die Torte nicht selber, sondern sie wird von der Bäckerei Keller geliefert.<br><br>So, das ist eigentlich schon alles. Ich hoffe, du konntest alles notieren. Sonst sehen wir uns ja am Montag. Bis dann, pfüarti (=tschüss). |
| 3  | **Sprecher** | Hören Sie nun ein Gespräch des Radiomoderators Kai Richter mit dem Schauspieler Max Jäger. Er gilt als eine der großen Hoffnungen des deutschen Films und stand schon für mehrere Filme vor der Kamera. Im Interview wird er nun über seinen neuesten Film sprechen, der sich mit der Generation der 68er in Deutschland beschäftigt. |
| | **Sprecher** | Hören Sie nun ein Gespräch der Moderatorin Annetta Dube mit dem Gastronom Tom Koch und der Ernährungsberaterin Anja Richter. Sie unterhalten sich über die Möglichkeiten, wie man sich abwechslungsreich und gesund ernähren kann, auch wenn Zeit zum Kochen knapp und der Geldbeutel klein ist. |
| | **Annetta Dube** | Frau Richter, Herr Koch - ich darf Sie herzlich bei mir im Studio begrüßen. Viele Leute haben heute wenig Zeit, um sich … |
| | **Steffen Kühne** | Zu unserer Gesprächsreihe „Sprachen dieser Welt" haben wir heute einen Gast bei uns im Studio, auf den ich mich ganz besonders freue, denn seine Arbeit ist sehr interessant. Dr. Jeremias Seliger, Linguist am Institut für Angewandte Sprachwissenschaft in Zürich, beschäftigt sich mit den Auswirkungen der Globalisierung auf die Sprache.<br>Guten Abend, Herr Seliger. |
| | **Jeremias Seliger** | Guten Abend, Herr Kühne. Vielen Dank, dass ich heute hier sein darf. |
| 4  | **Sprecher** | Sie hören nun einen Auszug aus einem Interview mit dem Rundfunk-Redakteur Peter Kunze und der Simultandolmetscherin Caroline Meier. Caroline Meier arbeitet im Europaparlament in Straßburg und spricht über die Anforderungen, die der Beruf an sie stellt. |
| | **Redakteur** | Frau Meier, es gibt Untersuchungen, die besagen, Simultandolmetscher hätten nach Düsenjetpiloten und Fluglotsen den stressreichsten Beruf der Welt. Stimmen Sie dem zu? |
| | **Caroline Meier** | Es kann manchmal schon recht hektisch zu und hergehen. Als Simultandolmetscher müssen wir nicht nur das Gesprochene sofort übertragen, sondern auch gleichzeitig hören und verstehen, was während des Übersetzens gesprochen wird. Das benötigt ein hohes Maß an Konzentration. |
| | **Redakteur** | Ist es nicht schwierig sich über einen längeren Zeitraum so intensiv zu konzentrieren? |
| | **Caroline Meier** | Schon, aber man ist nicht alleine in einer Dolmetscherkabine. Nach 30 Minuten wird man von einem Kollegen oder einer Kollegin abgelöst. Wir sind in den Kabinen also immer zu zweit. |

| Redakteur | Gibt es weitere Schwierigkeiten, die Sie bei der Arbeit manchmal ins Schwitzen geraten lassen? |
| --- | --- |
| Caroline Meier | Na ja, ich übersetze für das Europäische Parlament in Straßburg. Da kommt es schon auch einmal vor, dass sich der eine oder andere Politiker nicht so diplomatisch verhält. Je nach Schärfe der Worte kann man schon ins Schwitzen geraten, vor allem, wenn man weiß, dass die Worte verletzend oder brüskierend sind. Trotzdem muss man das Gesagte übersetzen. Hinzu kommt auch, dass man es manchmal mit ganz anderen Welten zu tun hat. Um ein Beispiel zu nennen: Wo Südländer blumig formulieren, drücken sich Nordeuropäer eher knapp aus. |

5

| Sprecher | Sie hören nun einen Auszug aus einem Interview mit dem Leiter des Instituts für Berufsbildung Köln zum Thema „Lebenslanges Lernen" – die berufliche Weiterbildung in Deutschland. |
| --- | --- |
| Redakteur | Wer persönlich und beruflich weiterkommen will, der muss sich weiterbilden. Und natürlich ist es auch für die deutsche Gesellschaft enorm wichtig, dass die Menschen Ihr Wissen ständig erweitern. Ein wichtiges Stichwort, das sich auch in den europäischen Bildungsprogrammen wiederfindet, ist das des lebenslangen Lernens. Herr Professor Wiener: Lebenslanges Lernen – ist das schon Realität in Deutschland? |
| Prof. H. Wiener | Nein, leider noch nicht. Wenn wir die Zahl der Menschen anschauen, die an Weiterbildungen teilnehmen, dann ist diese Zahl in den letzten zehn Jahren sogar leicht zurückgegangen. Zurzeit nehmen weniger als die Hälfte der Beschäftigten an Weiterbildungen teil. Im Vergleich zu unseren europäischen Nachbarn ist das nicht viel, was ich sehr problematisch finde. |
| Redakteur | Warum nehmen hier so wenig Menschen an Weiterbildungen teil, wo liegen die Gründe dafür? |
| Prof. H. Wiener | Das ist ganz klar eine Frage des Geldes. Insgesamt gab es in den letzten Jahren weniger Geld für Weiterbildungen, deshalb ging das Angebot an beruflichen Bildungsmaßnahmen auch zurück. Insgesamt verringerten sich die Ausgaben in den vergangenen zehn Jahren um ein Zehntel, was nicht viel erscheint. Aber wenn Deutschland mit der rasanten Entwicklung Schritt halten möchte, dann stimmen diese Zahlen schon nachdenklich. |
| Redakteur | Trifft das denn auch für die großen Unternehmen zu? Ich meine, diese sollten doch ein besonderes Interesse an der Aus- und Weiterbildung Ihrer Mitarbeiter haben? |
| Prof. H. Wiener | Nun, das haben sie. Die großen Unternehmen bieten Ihren Mitarbeitern nicht nur betriebsinterne Weiterbildungen, sie unterstützen sie auch finanziell oder zeitlich bei Weiterbildungen, die außerhalb der Firma stattfinden. Dagegen fällt es kleineren Unternehmen schwerer, Bildungsangebote zu finanzieren. Hier wäre es sehr wünschenswert, dass die Politik die Unternehmen da stärker unterstützt. |

| 6 🎧 | Sprecher | Sie hören jetzt ein Interview zwischen dem Rundfunk-Redakteur Axel Karsten und dem GEO-Redakteur Jürgen Broschart zum Thema „Sprache". Zu diesem Text sollen Sie zehn Aufgaben lösen. |
|---|---|---|
| | | Hören Sie den Text zuerst einmal ganz. Danach hören Sie ihn in Abschnitten noch einmal. |
| 7 🎧 | Redakteur | Heute suchen wir Antworten auf die wichtigsten Fragen zur Sprache. Dazu ist Jürgen Broschart bei mir im Studio. Herr Broschart, wie viele Sprachen werden auf der Welt gesprochen? |
| | Jürgen Broschart | Tja, eine genaue Zahl ist nicht bekannt. Noch in unseren Tagen werden Völker entdeckt, die bislang nie gehörte Idiome sprechen. So stieß man erst 2007 auf die Sprachgemeinschaft der Metyktire-Indianer in Brasilien. Eine Zählung ist auch deshalb schwierig, weil sich in manchen Fällen nicht bestimmen lässt, ob man es mit unterschiedlichen Sprachen oder mit Varianten derselben Sprache zu tun hat. Dabei spielen häufig politische Gründe eine Rolle: Sprechen Serben und Kroaten „Serbokroatisch" oder Serbisch beziehungsweise Kroatisch? Fachleute schätzen, dass es derzeit zwischen 6000 und 7000 Sprachen gibt. Davon ist ein Drittel nicht näher erforscht. Die Hälfte der derzeit gesprochenen Sprachen könnte schon am Ende dieses Jahrhunderts ausgestorben sein. |
| 8 🎧 | Redakteur | Gibt es denn „primitive" und „höher entwickelte" Sprachen? |
| | Jürgen Broschart | Nein. Die These, die von der „Völkerpsychologie" des 19. und frühen 20. Jahrhunderts vertreten wurde, haben Linguisten längst ad acta gelegt. Vielmehr hat jede Sprache Stärken und Schwächen. Der Satzbau des Nama etwa – einer „Buschmann-Sprache" aus Namibia – ist viel komplexer als das klassische Latein. Das im Amazonasgebiet gesprochene Pirahã kennt angeblich weder Relativsätze noch Zahlwörter. Dennoch ist diese Sprache so kompliziert, dass ihr Erforscher Dan Everett Jahre gebraucht hat, sie zu erlernen. |
| | Redakteur | Soll ich meinem Kind verbieten, Dialekt zu sprechen? |
| | Jürgen Broschart | Die deutsche Standardsprache in Schrift und Rede zu beherrschen, wird heute von fast allen Berufsanfängern und von allen Studenten verlangt – Hochdeutsch zu lernen, ist daher unabdingbar. Doch niemand sollte gezwungen werden, deshalb seinen Heimatdialekt aufzugeben. Denn den Nachteilen der Mundart – etwa dass sie in einem hochdeutschen Umfeld provinziell wirkt – stehen klare Vorzüge gegenüber: Der Dialekt bekräftigt die Bindung an eine Region; Dialektsprecher wirken authentischer und freundlicher. Strukturell sind Dialekte genauso komplex wie die Hochsprache: Auch sie haben eine Grammatik mit festen Regeln. Ein Kind, das früh Dialekt und Standardsprache beherrscht, ist faktisch zweisprachig. Das hilft beim Erlernen weiterer Sprachen. |
| | Redakteur | Schadet es einem Kind nicht, wenn es mehrsprachig aufwächst? |

| | |
|---|---|
| **Jürgen Broschart** | Nein. Dass, wie in Deutschland, eine einzige Sprache dominiert, ist weltweit gesehen nicht die Regel. In Nigeria zum Beispiel gibt es über 400 unterschiedliche Sprachen, die meisten Menschen dort sind polyglott. Auch Skandinavier beherrschen oftmals mehrere Sprachen. Kindern bereitet Mehrsprachigkeit kaum Probleme. Zuweilen brauchen sie etwas mehr Zeit, wenn Vater und Mutter unterschiedlich reden, aber diesen Rückstand holen sie bald auf. Und hat ein Kind erst einmal eine Zweitsprache erworben, lernt es weitere deutlich leichter als jene Altersgenossen, die monolingual aufgewachsen sind. |
| **Redakteur** | Welche Sprache ist am einfachsten zu erlernen? |
| **Jürgen Broschart** | Die Antwort mag viele überraschen: Von ihrer Struktur her ist die Sprache der Mathematik beziehungsweise der Logik besonders einfach gebaut, verfügt über einen vergleichsweise kleinen Wortschatz – das heißt Zahlen und logische Verbindungen – und kennt keine Ausnahmen von ihren Regeln. Schwierig sind dagegen die Inhalte. Für Kinder mühelos zu erwerben ist die jeweilige Muttersprache, und wer Fremdsprachen lernt, tut sich besonders leicht mit jenen, die seiner Muttersprache ähnlich sind. |
| **Redakteur** | Wozu sollen Schüler eigentlich Grammatik pauken? |
| **Jürgen Broschart** | Der Lernstoff „Grammatik" ist so unbeliebt wie Integralrechnung. Und anders als Kenntnisse in Mathematik, so scheint es, sind solche in Grammatik zu nichts nutze. Johann Wolfgang von Goethe schrieb Meisterwerke, ohne sich mit linguistischer Theorie zu quälen. Dennoch: Wer etwas von der Struktur der Sprachen versteht, weiß mehr über die Art und Weise, wie unser Gehirn die Welt in Kategorien einteilt, und lernt zu schätzen, welch ein Wunderwerk die menschliche Kommunikation ist. |
| **Redakteur** | Bestimmt unsere Sprache das Denken? |
| **Jürgen Broschart** | Der Anthropologe Benjamin Lee Whorf hat bei der Untersuchung der Sprache der Hopi-Indianer festgestellt, dass deren Kultur einen anderen Zeitbegriff hat als jene der Europäer. Die Hopi, so behauptet Whorf, besäßen eine zyklische und keine geradlinige Vorstellung vom Ablauf der Ereignisse. Da diese kulturellen Konzepte sprachlich vermittelt werden, so Whorf, sei es unmöglich, sich in eine fremde Kultur hineinzudenken, ohne deren Sprache zu beherrschen. Diese Auffassung ist aber umstritten. |
| **Redakteur** | Herr Broschart, funktionieren alle Sprachen nach denselben Regeln? |
| **Jürgen Broschart** | Nein – zumindest nicht nach jenen, die bis heute in den Schulen im Grammatikunterricht gelehrt werden. Diese Regeln sind ursprünglich für Griechisch und Latein entwickelt worden und passen auch recht gut für andere europäische Sprachen. In „exotischen" Kulturen ist es viel uneinheitlicher. Selbst ob es überall auf der Welt Nomina und Verben gibt, ist unter Experten umstritten. Auch im Lautinventar und bei der Ordnung von Wörtern im Satz sind die Sprachen der Welt stark verschieden. Zum Beispiel verwenden „Buschmänner", die Khoisan, in ihren Sprachen Schnalzlaute in den Wörtern. Das macht fast keine andere Sprachgemeinschaft. |
| **Redakteur** | Wie viele Wörter gibt es eigentlich im Deutschen? |

| | |
|---|---|
| **Jürgen Broschart** | Die einfache Antwort lautet: So viele, wie im Wörterbuch stehen. Das sind im Wahrig-Wörterbuch rund 250 000. Aber theoretisch gibt es unendlich viele Wörter, die durch die wiederholte Anwendung von Wortbildungsregeln geschaffen werden können: etwa Donaudampfschifffahrtsgesellschafts-kapitänswitwenfonds. Schon die Anzahl der Einträge in einem Wörterbuch übertrifft bei weitem den aktiven Wortschatz einer Einzelperson. Die größten Dichter haben in ihren Werken rund 20 000 Wörter verwendet, chinesische Schriftgelehrte brachten es auf 30 000 Zeichenbegriffe. Zum Lesen einer Zeitung genügt ein Wortschatz von etwa 3000 Wörtern. |
| **Redakteur** | Und wie klang die Ursprache der Menschheit? |
| **Jürgen Broschart** | Vermutlich klang sie überhaupt nicht. Forscher nehmen an, dass die ersten Symbole primitive Gebärden waren und dass sich die Lautsprache erst viel später entwickelt hat. Dann hat es wohl lange gedauert, bis der Mensch in der Lage war, deutlich unterschiedliche Sprachlaute von sich zu geben. Dass, wie manche vermuten, die Schnalzlaute der Khoisan ein Relikt der Frühzeit sind, ist Unsinn: Es erfordert viel Können, einen „Klick" mit anderen Lauten zu kombinieren. |
| **Redakteur** | Und Tiere? Können Tiere sprechen? |
| **Jürgen Broschart** | Tiere sind durchaus in der Lage, sich zu verständigen. Eine Sprache im engeren Sinne hat hingegen wohl nur der Mensch entwickelt. Aber auch das linguistische Dogma der Sprachunfähigkeit bei Tieren muss wohl aufgegeben werden: In Affenhirnen wurden Areale identifiziert, die beim Menschen den Broca– und Wernicke-Sprachzentren entsprechen. Bei wild lebenden Primaten ist der Einsatz von bewussten Gesten zur Verständigung beobachtet worden. Und einige Menschenaffen haben zweifelsfrei im Labor gelernt, mit abstrakten, verabredeten Zeichen zu kommunizieren. |
| **Redakteur** | Aber wieso sprechen nicht alle Menschen dieselbe Sprache? |
| **Jürgen Broschart** | Tja, auch in der Sprache herrschen die Gesetze der Evolution. Dazu gehört, dass es zu jeder Zeit neben einer Norm Abweichungen gibt – vergleichbar jenen durch biologische Mutationen. Solange ausreichend Kontakt zwischen Sprechern besteht, spielen diese gelegentlichen Abweichungen keine Rolle. Trennt sich eine Gruppe jedoch von einer anderen – zum Beispiel durch Wanderungsbewegungen –, bildet sich meist eine neue Sprachgrenze, wie einst zwischen Isländisch und Norwegisch. Umgekehrt führt Sprachkontakt dazu, dass sich sogar kaum verwandte Sprachen einander angleichen. Das Norwegische zum Beispiel hat sich in der Hansezeit dem Niederdeutschen angepasst. Heute beeinflusst das globale Englisch andre Sprachen nachhaltig. |
| **Redakteur** | Ist Gebärdensprache dasselbe wie Pantomime? |
| **Jürgen Broschart** | Nein. Allerdings ist die Erkenntnis, dass es sich bei der Gehörlosenkommuni-kation um eine vollwertige Sprachform neben der Lautsprache handelt, noch relativ jung. Erst seit 2002 ist sie in Deutschland offiziell anerkannt. Im Gegensatz zur sogenannten Körpersprache, die vorwiegend unbewusster Natur ist, stehen die Gebärden für Wörter und Begriffe. Die Gebärdensprachen – von denen es viele verschiedene gibt – haben allesamt grammatische Kategorien und Regeln für die Reihenfolge von Wörtern im Satz. |
| **Redakteur** | Herr Broschart, ich danke Ihnen für das interessante und lehrreiche Gespräch. |

# Transkription der Hörtexte

Prüfungsmitschnitt: Grammatikfehler sind unterstrichen.

| | | |
|---|---|---|
| 11 | **Sprecher** | Sie hören nun Kandidaten 2, der seine Aufgabe zum Mündlichen Ausdruck, Teil 1 „Väter und Beruf" löst. |
| | **Frau Winkler** | Herr Bilgili, dann kommen wir zu Ihnen. Stellen Sie sich auch bitte ganz kurz vor. |
| | **Inanc Bilgili** | Ja, gerne. Ich hieße Inac Bilgili und komme aus der Türkei. Seit 17 Monaten bin ich in der Schweiz und ich besuche hier einen intensiven Sprachkurs. Diese Sprache brauche ich, um an der Uni zu studieren. Deswegen muss ich diese Sprache sehr schnell lernen. |
| | **Frau Winkler** | Danke. Dann kommen wir auch schon zu Ihrer Aufgabe. |
| | **Inanc Bilgili** | Ja, in meinem Text geht es um die Männer, die immer mehr ihre Vaterrolle übernehmen wollen. Zum Beispiel wenn der Sohn krank ist und die Mutter zu einer Schulung gehen muss, bleibt der Vater zu Hause und kümmert sich um seinen Sohn oder die anderen Sachen. So eine Verwandte habe ich auch, meinen Schwager, er ist auch ein bisschen krank, (er hat) einen Morbus Cron. Er muss immer zu Hause bleiben und sich um seine Kinder kümmern. Er wacht immer jeden Tag um halb acht Uhr auf und er kocht zum Abendessen für seine Frau etwas. Er vorbereitet für seine Kinder das Frühstück. Das geht immer so. Er sagt, dass das etwas langweilig ist, aber er hat keine andere Möglichkeit. |
| | **Frau Winkler** | Wie stellen Sie sich das vor? Haben Sie selber Kinder? |
| | **Inanc Bilgili** | Nein, momentan habe ich nicht. Aber wenn ich an so einer Situation wäre, dann möchte ich gerne auch zu Hause bleiben, aber nicht immer. Sondern hier haben die Leute andere Möglichkeiten, zum Beispiel 50 % ____ arbeiten, eine Teilzeitarbeit zu finden. |
| | **Frau Winkler** | Also, Sie sehen sich auch nicht als ein Vater, der nur am Wochenende zu Hause ist? |
| | **Inanc Bilgili** | Nein, eigentlich die Väter müssen auch die Verantwortung übernehmen. Sie sind – ja klar - Vater, sie haben auch ----?? zu Hause, glaube ich. Ist das nicht so? Die Mütter können (sich) auch um die Kinder kümmern, aber die Vater sollen das auch. Das ist meine Meinung. |

| | | |
|---|---|---|
| 12 | **Herr Vogel** | Dankeschön. Dann kommen wir nun zum zweiten Teil, bei dem Sie gemeinsam ein Foto für einen Beitrag in der Studentenzeitung auswählen sollen. |
| | **Inanc Bilgili** | Also, ich würde mich für das zweite Bild, das mit dem Surfer, entscheiden. Was meinst du? |
| | **Camille Miske** | Ich bin auch sehr gerne am Meer, aber ich finde das erste Bild besser. |
| | **Inanc Bilgili** | OK. Dann sind wir uns ja schon einig, dass das dritte Bild nicht so ideal ist, ja? |

| | |
|---|---|
| **CM** | Richtig. Ich interessiere mich zwar auch für Kultur im Urlaub, aber ich glaube nicht, dass es für den Artikel das richtige Bild ist.<br>Warum findest du das Surferbild so gut? |
| **Inanc Bilgili** | Es zeigt für mich, was ich zu einem tollen Urlaub brauche. Strand, Sonne und Surfbrett. Das sind die idealen Ferien. Findest du nicht? |
| **CM** | Ja, ich verstehe dein Argument, aber ich finde, es könnte auch das Titelbild zu einem Artikel über Sport sein. |
| **Inanc Bilgili** | Einverstanden, aber das schließt es doch nicht aus, oder? Sport macht man eben im Urlaub. Für mich sind der Strohhut und der Liegestuhl ein typisches Klischee für Ferien: am Strand sitzen, die Sonne genießen und einmal nichts tun. |
| **CM** | Aber das ist ja gerade der Punkt. Das Foto zeigt das Klischee. Das spricht alle an. Bei einem Bild von einem Surfer würde ich zum Beispiel den Artikel nicht lesen, weil ich kein Surfer bin und bei dem Bild erwarte, dass es im Artikel um das Surfen geht. |
| **Inanc Bilgili** | Aber wenn man die Überschrift liest, weiß man doch, dass es nicht nur um Surfen geht, meinst du nicht? |
| **CM** | Ja schon, aber ich finde es trotzdem besser, wenn man mit einem Bild arbeitet, dass ein größeres Publikum anspricht. Weißt du, was ich meine? |
| **Inanc Bilgili** | Ja, genau. Ich habe zuerst gedacht, der Liegestuhl und „Aktivitäten" im Titel sind ein zu großer Kontrast, aber genau das ist gut. Das macht dann vielleicht Lust, den Artikel zu lesen. |
| **CM** | Ganz genau! |
| **Inanc Bilgili** | OK, dann bin ich einverstanden. Entscheiden wir uns für das erste Bild! |
| **Herr Vogel** | Dankeschön. Dann sind wir auch schon am Ende der Prüfung. Sie können uns Ihre Unterlagen … |

| | |
|---|---|
| **Kellner** | Guten Tag, was darf's sein? |
| **Frau** | Guten Tag, ich hätte gern einen Kaffee und ein Croissant. Und gern noch ein Wasser dazu. |
| **Kellner** | Ein stilles oder eins mit Kohlensäure? |
| **Frau** | Gern eins ohne Kohlensäure. Und du, Georg, was nimmst du denn? |
| **Mann** | Ich hätte gern einen Tee. Welche Teesorten haben Sie denn? |
| **Kellner** | Wir haben Earl Grey, Darjeeling, Oolong, Grüntee, Rooibos und Pfefferminz |
| **Mann** | Gern einen Darjeeling mit Zucker, bitte. Haben Sie vielleicht auch etwas Süßes dazu? |
| **Kellner** | Ja, wir hätten frischen Aprikosenkuchen, Erdbeerschnitten und eine Schokoladentorte. |

| | |
|---|---|
| **Mann** | Oh, so ein Stück Schokoladentorte wäre jetzt prima. Ich brauche im Moment was Süßes. |
| **Kellner** | Gut, ich bring Ihnen gleich die Bestellung. |
| **Frau** | So, jetzt erzähl doch mal, was du im Moment so machst. Was macht die Arbeit, ist alles in Ordnung? |
| **Mann** | Na ja, es geht. Ich habe viel zu tun und mache viele Überstunden. Ich freue mich schon sehr auf meinen nächsten Urlaub, das kannst du dir ja vorstellen. |
| **Frau** | Wohin willst du denn fahren? |
| **Mann** | Nach Südfrankreich natürlich, da gefällt's mir sehr gut. Und dir, geht's dir gut? |
| **Frau** | Ja, ja, wunderbar, ich bin mit meiner Arbeit sehr zufrieden, sie macht Spaß und ist nicht so anstrengend. Und ich habe … |
| **Kellner** | Hier ist Ihr Kaffee und Ihr Tee. Und den Kuchen und das Croissant darf ich hierher stellen? Bitteschön! Haben Sie noch einen Wunsch? |
| **Mann** | Nein, danke, für den Moment haben wir alles. |
| **Frau** | Na, frühstücken wir erstmal in Ruhe. Hmm, das sieht ja alles gut aus! |

14

| | |
|---|---|
| **Kellner** | Grüß Gott, was darf's sein? |
| **Frau** | Grüß Gott. Bringen Sie mir bitte einen großen Braunen und ein Gipferl dazu. Und gern noch ein Wasser. |
| **Kellner** | Mit oder ohne Zisch? |
| **Frau** | Gern eins ohne. Und du, Georg, was nimmst du denn? |
| **Mann** | Ich hätte gern einen Tee, welche Teesorten haben Sie denn? |
| **Kellner** | Wir haben Earl Grey, Darjeeling, Oolong, Grüntee, Rooibos und Pfefferminz. |
| **Mann** | Gern einen Darjeeling mit Zucker, bitte. Haben Sie vielleicht auch etwas Süßes dazu? |
| **Kellner** | Ja, wir hätten frische Marillenfleckerl, Erdbeerschnitten und eine Sachertorte. |
| **Mann** | Oh, so ein Stück Sachertorte, das wäre jetzt prima. Ich brauche im Moment einfach was Süßes. |
| **Kellner** | Gut, ich bring Ihnen gleich Ihre Bestellung. |
| **Frau** | So, jetzt erzähl doch mal, was du im Moment so machst. Was macht die Arbeit, ist alles in Ordnung? |
| **Mann** | Na ja, es geht. Ich habe viel zu tun und mache viele Überstunden. Ich freue mich schon sehr auf meinen nächsten Urlaub, das kannst du dir ja vorstellen. |
| **Frau** | Wohin willst du denn fahren? |
| **Mann** | Nach Südfrankreich natürlich, da gefällt's mir sehr gut. Und dir, geht's dir gut? |
| **Frau** | Ja, ja, wunderbar, ich bin mit meiner Arbeit sehr zufrieden, sie macht Spaß und ist nicht so anstrengend. Und ich habe … |

| | |
|---|---|
| **Kellner** | Hier kommt Ihr Kaffee, gnädige Frau und Ihr Tee, der Herr. Und den Kuchen und das Gipferl darf ich hierher stellen? Bitteschön! Haben die Herrschaften noch einen Wunsch? |
| **Mann** | Nein, danke, für den Moment haben wir alles. |
| **Frau** | Na, frühstücken wir erstmal in Ruhe. Hmm, das schaut ja alles gut aus! |

| | |
|---|---|
| **Kellner** | Grüezi miteinand, was darf ich Ihnen bringen? |
| **Frau** | Grüezi, bitte bringen Sie mir einen Kaffee crème und ein Kipfli. Und gern noch ein Wasser dazu. |
| **Kellner** | Ein stilles oder eins mit Kohlensäure |
| **Frau** | Gern eins ohne Kohlensäure. Und du, Georg, was nimmst du denn? |
| **Mann** | Ich hätte gern einen Tee, welche Teesorten haben Sie denn? |
| **Kellner** | Wir haben Earl Grey, Darjeeling, Oolong, Grüntee, Rooibos und Pfefferminz. |
| **Mann** | Gern einen Darjeeling mit Zucker, bitte. Haben Sie vielleicht auch etwas Süßes dazu? |
| **Kellner** | Ja, wir hätten frische Aprikosenwähe, Erdbeertorte und Schoggikuchen. |
| **Mann** | Oh, so ein Stück Schoggitorte, das wäre jetzt prima. Ich brauche im Moment einfach was Süßes. |
| **Kellner** | Gut, ich bring Ihnen gleich Ihre Bestellung. |
| **Frau** | So, jetzt erzähl doch mal, was du im Moment so machst. Was macht die Arbeit, ist alles in Ordnung? |
| **Mann** | Na ja, es geht. Ich habe viel zu tun und mache viele Überstunden. Ich freue mich schon sehr auf meinen nächsten Urlaub, das kannst du dir ja vorstellen. |
| **Frau** | Wohin willst du denn fahren? |
| **Mann** | Nach Südfrankreich, da gefällt's mir sehr gut. Und dir, geht's dir gut? |
| **Frau** | Ja, ja, wunderbar, ich bin mit meiner Arbeit sehr zufrieden, sie macht Spaß und ist nicht so anstrengend. Und ich habe … |
| **Kellner** | Hier kommt Ihr Kaffee, Madame, und Ihr Tee. Und den Kuchen und das Gipfeli. Darf ich es hierher stellen? Merci. Möchten Sie sonst noch etwas? |
| **Mann** | Nein, danke, für den Moment haben wir alles. |
| **Frau** | Na, nehmen wir erstmal in Ruhe unser Z'morge. Hmm, das sieht ja alles gut aus! |

# Lösungen

## Leseverstehen

### Leseverstehen 1

**Aufgabe 1**
2. Indonesien – Familie – Urlaubsfeeling
3. Sonntag – chinesisch
4. Abend – etwas Ungewöhnliches
5. Essen kaufen – nach Hause nehmen

**Aufgabe 2**
1. A (exquisite Geschäftsmenüs)
2. negativ (keine Restaurants, die sich für kleine Kinder eignen)
3. D (Chinesisches Essen)
4. B (spontan möglich, keine Reservation erforderlich, Fusion-Küche ist zudem speziell)
5. E (Essen zum Mitnehmen)

**Prüfungsaufgabe**
1 G ▪ 2 negativ ▪ 3 A ▪ 4 D ▪ 5 B

### Leseverstehen 2

**Aufgabe 1**
Im vorliegenden Fall erwarten Sie sicher einen Text, der sich mit Schule befasst. Genauer: mit den Chancen von Ausländern im deutschen Schulsystem.
Der Ausgangspunkt der Handlung dürfte eine Person sein, die nach Deutschland kam und einen Kulturschock erlitt. Weiter kann man vermuten, dass der Text den Werdegang dieser Person im deutschen Schulsystem bis hin zur Universität beschreiben wird.

**Aufgabe 2**
Die Lösung lautet: *B*
*Schlüsselwörter sind:* A: *Schritt von Haupt- zu Realschule schaffen.* B: *gelingt nicht vielen.* C: *Privatschulen stehen allen offen.*

**Prüfungsaufgabe**
Thema: Die finanzielle Situation deutscher Kinder.
Lösung: 6 B ▪ 7 A ▪ 8 B ▪ 9 B ▪ 10 C

### Leseverstehen 3

**Aufgabe 1**
11. den Einsatz der Eltern?
12. die Rolle der Politiker?
13. die Situation der ausländischen Kinder?
14. die Rolle des Staates bei dem großen Bildungsunterschied zwischen Migranten- und einheimischen Kindern?
15. die Chance, im Bildungssystem etwas zu bewegen?

Sozialer Fortschritt nur durch mehr Bildung
Hurra! Die deutschen Schüler sind nicht mehr ganz so schlecht wie noch zu Beginn des Jahrtausends. Herzlichen Glückwunsch – liebe Eltern! Denn Sie – und nur Sie – haben ⟨11⟩ das erreicht. Sie kümmerten sich intensiver um Ihre Kinder und legten bei Ihrer Unterstützungsarbeit eine Schippe drauf. Von dem Lob ausnehmen müssen wir ganz ausdrücklich jene, die sich in den vergangenen Tagen so ausgiebig selbst gefeiert haben: die Bildungsminister und -senatoren aller Parteien. Die Politiker haben in den vergangenen Jahren viel geredet und sich mit schicken Modellprojekten geschmückt. ⟨12⟩ Doch das fundamentale Problem der Bildung in Deutschland haben sie bislang nicht ansatzweise angepackt.

Ungerechtigkeit bleibt das Markenzeichen des deutschen Bildungssystems. Für den Lernerfolg von Kindergartenkindern, von Schülern und auch von Studenten ist in Deutschland noch immer das Elternhaus entscheidend. Zu diesem Ergebnis kommt auch die allerneuste Pisa-Studie. Die gebildeten Eltern sorgen dafür, dass ihre Kinder lernen. Sie gleichen die Defizite der Schulen durch Engagement aus. Auf diese Weise haben sie für die weniger schlechten Pisa-Ergebnisse gesorgt. Eltern jedoch, die selbst mit dem Lernen Schwierigkeiten haben, sind dazu nicht in der Lage. Am schwersten fällt das Einwanderern. In keinem anderen Land produziert ⟨13⟩ die Schule einen so großen Abstand zwischen Kindern von Migranten und von Einheimischen. Für die Guten läuft es also gut an der deutschen Schule. Doch wer Hilfe braucht, ⟨14⟩ der bekommt sie nicht.

Die Gelegenheit, das Bildungssystem gründlich umzubauen, ⟨15⟩ ist so günstig wie nie: Die Koalition ist nahezu beschäftigungslos, denn bis zur Wahl hat sie sich keine nennenswerten Reformziele mehr gesetzt. Zudem gibt es gegen größere Investitionen in die Bildung keinerlei Opposition. Und der Finanzminister berichtet von steigenden Einnahmen. Besser kann man die Konstellation nicht erfinden für den großen Aufbruch: Mehr Bildung wagen!

**Aufgabe 2**

| | Positive Bedeutung | Negative Bedeutung | +/- |
|---|---|---|---|
| Die Ergebnisse der Verhandlungen waren beeindruckend. | *beeindruckend* | | + |
| Die (eher mittelmäßigen) Bewertungen waren weniger beeindruckend. | | – eher mittelmässig<br>– weniger beeindruckend | – |
| Die Ergebnisse der Verhandlungen mögen auf den ersten Blick beeindrucken. Betrachten man sie jedoch genauer… | beeindrucken | – mögen →<br>deutet auf Relativierung hin<br>– betrachtet … jedoch genauer | – |
| Um den reibungslosen Ablauf der Festlichkeiten zu garantieren, war die detaillierte Planung lediglich ein guter Anfang. | ein guter Anfang | lediglich | – |
| Im Falle eines Feuers ist schnelles Handeln oft entscheidend. | schnelles Handeln … entscheidend | | + |
| Im Falle eines Autokaufs ist allein das Äußere oft weniger entscheidend. | | weniger entscheidend | – |

## Aufgabe 3

| Frage | Schlüsselwörter | Lösung |
|---|---|---|
| Wie beurteilt der Autor den aktuellen Bildungsstand deutscher Schüler im Vergleich zu früher? | *nicht mehr* ganz so *schlecht* wie noch *zu Beginn* des Jahrtausends | A |
| 11 den Einsatz der Eltern? | Herzlichen Glückwunsch, nur Sie … kümmern sich intensiver … | A |
| 12 die Rolle der Politiker? | Fundamentale Probleme … nicht angepackt | B |
| 13 die Situation der ausländischen Kinder? | In *keinem* anderen Land … einen so *großen Abstand* zwischen Kindern von Migranten und … | B |
| 14 die Rolle des Staates bei der Kluft im Bildungsstand zwischen Migranten- und einheimischen Kindern? | Doch wer *Hilfe* braucht, der *bekommt* sie *nicht.* | B |
| 15 die Chance im Bildungssystem etwas zu bewegen? | Die Gelegenheit, …, ist *günstig wie nie* | A |

**Prüfungsaufgabe**
11 B ▪ 12 A ▪ 13 A ▪ 14 B ▪ 15 B

## Leseverstehen 4

### Aufgabe 2

| | Diagnose | Analyse | Lösung |
|---|---|---|---|
| 1 | Verb | Hauptverb im Infinitiv → Modalverb | muss |
| 2 | Präposition | Verb + Präposition *gehören zu= zum alten Eisen gehören Redewendung* = alt sein | zum |
| 3 | Präposition | Richtungsangabe *in die Schule gehen* | in |
| 4 | Präposition | Lokalangabe: *auf dem Schulhof* | auf |
| 5 | Artikel | Demonstrativpronomen, weibliche Form im Nominativ Singular | diese (die) |
| 6 | Pronomen | bezieht sich auf die Jugendsprache: weiblich, Nominativ, Singular | sie |
| 7 | Verb | Hauptverb im Partizip II → Passiv → Zustandspassiv | ist |
| 8 | Verb | gehört zu hinzu | kommen |
| 9 | Artikel | Stand, der (mask. Nomen, Akk.) | den |
| 10 | Präposition | *etwas ist im Handel erhältlich* = man kann es kaufen | im |

**Prüfungsaufgabe**

| | Diagnose | Analyse | Lösung |
|---|---|---|---|
| 16 | Präposition | temporal, benennt den Zeitpunkt, seit dem der Brunnen Kultstatus hat | seit |
| 17 | Präposition | Lokalangabe: mit dem Rücken zu etwas | zum |
| 18 | Konjunktion | Verb am Ende, zudem im Infinitiv, Finalsatz → Infinitiv mit zu | um |
| 19 | 2. Teil der Verbindung oben | s.o. Infinitiv mit *um zu* (Finalsatz) | zu |
| 20 | Verb | Hauptverb im Infinitiv → Modalverb; hier in subj. Bedeutung, drückt Gerücht/Vermutung aus | soll |
| 21 | Präposition | feste Verbindung in Erfüllung gehen = sich erfüllen | in |
| 22 | Präposition | Verb + Präposition es bleibt bei | bei |

| 23 | Verb | Hilfsverb zum Partizip II fehlt → Passiv | werden |
|---|---|---|---|
| 24 | Präposition | | bei |
| 25 | Präposition | feste Verbindung, unter anderem | unter |

# Hörverstehen

## Hörverstehen 1

### Aufgabe 1
2 Ort ▪ 3 Geldbetrag ▪ 4 Telefonnummer ▪ 5 Ausrüstungsgegenstände

### Aufgabe 2
fehlt ▪ alte Mailadresse ▪ wäre ihr lieber ▪ ergänzen

### Aufgabe 3
1 zwischen 19 und 21 Uhr ▪ 2 alte Stahlgießerei ▪ 3 3,– € für Kinder ▪ 4 0555 – 37 48 29 ▪ 5 Ausrüstung kann gemietet werden

**Prüfungsaufgabe**
1 kleiner Rittersaal ▪ 2 a.meyer@petzold.en ▪ 3 interne Weiterbildung ▪ 4 0555 – 56 48 19 ▪ 5 wird von der Bäckerei Keller geliefert

## Hörverstehen 2

### Aufgabe 1
a. Einleitung 1:
   Gesprächspartner: Kai Richter, Max Jäger
   Thema: neuester Film von Max Jäger über 68er Generation in Deutschland
b. Einleitung 2:
   Gesprächspartner: Annetta Dube, Tom Koch, Anja Richter
   Thema: abwechslungsreich + gesund kochen trotz knapper Zeit und kleinem Geldbeutel
c. Einleitung 3:
   Gesprächspartner: Steffen Kühne, Dr. Jeremias Seliger
   Thema: Globalisierung der Sprache

### Aufgabe 2
Was macht den Beruf des Simultanübersetzers zu einer Herausforderung?
a. Es ist nicht einfach, sich die ganze Zeit zu konzentrieren, wenn man eine ganze Parlamentssitzung übersetzen muss.
b. Da man in der Regel zu zweit oder zu dritt in der Kabine ist, wird es schnell warm und man schwitzt oft.
c. Es ist nicht einfach, etwas zu übersetzen, von dem man weiss, dass es politisch nicht korrekt ist.
unlogische Antwort: b

### Aufgabe 3
Lösung: c

# Lösungen

**Aufgabe 4**

1. a: … weniger als die Hälfte der Beschäftigten …
   (Prof. H. Wiener)
2. a: Das ist ganz klar eine Frage des Geldes.
   (Prof. H. Wiener)
3. a: … betriebliche Weiterbildung …

**Prüfungsaufgabe**

6 B ▪ 7 A ▪ 8 C ▪ 9 C ▪ 10 A ▪ 11 A ▪ 12 A ▪ 13 C ▪ 14 C ▪ 15 C

## Schriftlicher Ausdruck

### Schriftlicher Ausdruck 1

**Prüfungsaufgabe**

*Liebe Redaktion,*

*Ich rauche selber und muss sagen, heutzutage ist es nicht einfach, einen Ort zu finden, an dem man rauchen darf. Nichtraucher sind überall. Rauchen kann man fast nur noch im Gehen. Es ist anstrengend, die Regeln immer zu befolgen.*

*In meinem Heimatland gibt es diese Regeln nicht. Viele Leute rauchen. Man kann überall rauchen, im Restaurant, beim Einkaufen, im Büro. Die Nichtraucher beschweren sich nicht. Es gibt nicht so viele Nichtraucher. Fast alle rauchen. Viele fangen schon als Teenager mit dem Rauchen an. Die Großeltern rauchen, die Eltern rauchen. Die Kinder rauchen, nicht vor den Eltern, aber sie rauchen.*

*Jeder kann selber entscheiden, ob er rauchen will oder nicht. Ich denke, so sollte auch jeder entscheiden, wo er rauchen will und wo nicht.*

*Freundliche Grüße*
*Ümit Aksu*

**Kommentar**

– *Ein Leitpunkt fehlt: Text geht nicht auf Vor- und Nachteile solcher Bestimmungen ein.*
– *Der Text ist zu kurz: 126 Wörter.*
– *Die Sätze sind sehr kurz gehalten.*

**Musterbrief**

*Liebe Redaktion,*

*ich habe Ihren Artikel zum Rauchverbot mit großem Interesse gelesen, denn ich bin als Raucher selber direkt vom Thema betroffen.*
*Als leidenschaftlicher Raucher muss ich sagen, dass es heutzutage nicht einfach ist, einen Ort zu finden, an dem man rauchen darf. Dennoch verstehe ich natürlich, dass Nichtraucher nur ungern passiv mitrauchen. Trotzdem finde ich ein generelles Rauchverbot schlecht. Vielleicht gibt es ja einen Kompromiss?*
*In meinem Heimatland gibt es kein Rauchverbot. Es wäre oft auch nicht durchzusetzen, denn viele Leute rauchen, sei es im Restaurant, beim Einkaufen oder im Büro. Trotzdem beschweren sich die Nichtraucher nicht. Das liegt aber vielleicht auch daran, dass wir einen Großteil des Tages im Freien verbringen. Da fällt der Rauch nicht so auf.*
*Ein generelles Rauchverbot hat neben vielen Vorteilen für die Nichtraucher, wie frische Luft, keine Rauchbelästigung, auch Vorteile für die Raucher. Es kann nämlich den Menschen helfen, die mit dem Rauchen aufhören wollen. Nachteile für Nichtraucher gibt es eigentlich keine und, wenn ich ehrlich bin, für Raucher auch nicht wirklich, außer, dass man eben nicht immer und überall rauchen kann.*
*Abschließend möchte ich dazu jedoch sagen, dass ein bisschen Rücksichtnahme und Toleranz nicht schaden kann, schließlich sind wir Raucher ja die, die einer gesundheitsschädlichen Sucht verfallen sind.*

*Freundliche Grüße*

*Ümit Aksu*

### Schriftlicher Ausdruck 2

**Aufgabe 1**

Sehr geehrten Damen und Herren,

durch einen kürzlich erschienenen Zeitungsartikel ich bin auf Ihr Institut aufmerksam geworden. Ich habe meine Studium in England bereits abgeschlossen, interessiere mir aber für einen Ihrer weiterführenden Studiengänge und bitte Sie, mir weitere Nachrichten zu schicken. Können Sie mir davon Informationen geben, wenn ich eine Aufnahme- oder Sprachprüfung ablegen muss? Wenn ja, es ist möglich, einen Modelltest zu bekommen, damit ich mir ein Bild von Schwierigkeitsgrad machen können? Außerdem möchte ich Sie um einen Termin für ein persönliche Gespräch bitten, um weitere Einzelheiten genauer zu besprechen können.
Vielen Dank im Voraus!

Freundliche Grüße

Chris Anselm

**Aufgabe 2**

16 Formfehler ▪ 17 Formfehler ▪ 18 Fehler im Gebrauch ▪ 19 Fehler im Gebrauch ▪ 20 Fehler im Gebrauch ▪ 21 Positionsfehler ▪ 22 Formfehler ▪ 23 Formfehler ▪ 24 Formfehler ▪ 25 Positionsfehler

**Aufgabe 3**

16 mein ▪ 17 mich ▪ 18 Informationen ▪ 19 darüber ▪ 20 ob ▪ 21 ist es ▪ 22 vom ▪ 23 kann ▪ 24 persönliches ▪ 25 besprechen zu können

**Aufgabe 4**

Sehr geehrten Damen und Herren,

ich Ihnen schreibe heute, um mein Erstaunen zu äußern. Für Jahren komme ich schon in Ihr Restaurant und war bis jetzt immer von die Qualität Ihres Essens und vor allem von der Freundlichkeit Ihren Personals beeindruckt. Gestern erleben wir jedoch eine herbe Enttäuschung. Die Suppe meinen Begleitung wurde kalt serviert, bei meinem Salat die Sauce fehlte. Damit jedoch nicht genug. Bei die Hauptspeise war der Fisch innen noch roh, das Kalbsfilet dagegen wie Gummi. Für den Nachtisch wir haben dankend verzichtet, die weil die Bedienung unfreundlich war.

Mit freundlichen Gruß

Philipe Roca

| Zeile | Falsches Wort | Fehlerart | Richtige Form |
|---|---|---|---|
| 01 | geehrten | Formfehler | geehrte |
| 02 | Ihnen schreibe | Positionsfehler | schreibe Ihnen |
| 16 | Für | Fehler im Gebrauch | Seit |
| 17 | die | Formfehler | der |
| 18 | Ihren | Formfehler | Ihres |
| 19 | erleben | Formfehler | erlebten |
| 20 | meinen | Formfehler | meiner |
| 21 | die Sauce fehlte | Positionsfehler | fehlte die Sauce |
| 22 | die | Formfehler | der |
| 23 | Für | Fehler im Gebrauch | Auf |
| 24 | wir haben | Positionsfehler | haben wir |
| 25 | freundlichen | Formfehler | freundlichem |

**Prüfungsaufgabe**

| Zeile | Falsches Wort | Fehlerart | Richtige Form |
|---|---|---|---|
| 01 | geehrten | Formfehler | geehrte |
| 02 | heute mich | Positionsfehler | mich heute |
| 16 | haben | Fehler im Gebrauch | 16 bin |
| 17 | gekaufen | Formfehler | 17 gekauft |
| 18 | meine | Formfehler | 18 meinem |
| 19 | am | Fehler im Gebrauch | 19 im |
| 20 | Ist es | Positionsfehler | 20 Es ist |
| 21 | die | Formfehler | 21 der |
| 22 | das | Fehler im Gebrauch | 22 dass |
| 23 | den | Formfehler | 23 der |
| 24 | im | Fehler im Gebrauch | 24 am |
| 25 | warten würde | Positionsfehler | 25 würde warten |

## Mündlicher Ausdruck 1

**Kommentar zum Prüfungsmitschnitt**

Der Prüfungskandidat lebt schon seit einiger Zeit in der Schweiz und spricht in seinem Umfeld täglich Deutsch. Er macht relativ wenig Fehler und ist gut zu verstehen. Allerdings hat er Probleme mit der Aufgabe, denn er hält keinen echten Monolog. Die Prüferin hilft ihm hier weiter, indem sie Zwischenfragen stellt.

Ein gelungener Vortrag könnte so aussehen:
Also, in meinem Text geht es um das Thema Väter und Beruf. Es gibt nämlich immer mehr Männer, die nicht einfach nur das Geld nach Hause bringen wollen, sondern auch eine aktive Rolle in der Familie spielen wollen.

Der Text nennt das Beispiel: Der Sohn ist krank und die Mutter kann nicht zu Hause bleiben. Der Vater betreut dann das Kind zu Hause.

Ich kenne im eigenen Freundeskreis genug Väter, die mit ihrer Karriere so beschäftigt sind, dass sie Montag bis Freitag morgens aus dem Haus gehen, bevor die Kinder aufstehen, und erst kurz vor dem Schlafengehen nach Hause kommen oder wenn die Kinder schon im Bett sind. Sie sind also eigentlich nur Wochenendväter.

Ich hatte das Glück, dass mein Vater nicht so war. Obwohl in Italien ja traditionell die Mutter für die Kinder verantwortlich ist, spielt auch die Familie eine sehr wichtige Rolle und mein Vater war abends immer recht früh zu Hause, damit die ganze Familie gemeinsam Abendbrot essen konnte. Ich fand die Gespräche am Tisch immer sehr schön und auch sehr wichtig. Meine Eltern haben sich auch um unsere Hausaufgaben gekümmert. Meine Mutter war für die Sprachen und künstlerischen Fächer zuständig, mein Vater hat uns bei den Naturwissenschaften geholfen.

Ich habe noch keine Kinder, ich kann daher nur… wie soll ich sagen … theoretisch sprechen. Ich möchte es so machen wie mein Vater. Nicht nur am Wochenende ein Vater sein, sondern die ganze Woche. Ich denke, es ist je nach Firma, für die man arbeitet, nicht immer einfach, sich diese Zeit auch wirklich zu nehmen, da es Unternehmen gibt, die von Angestellten lange Arbeitszeiten fordern und zum Beispiel auch Reisen oder Einsätze am Wochenende verlangen. Aber ich bin auch überzeugt davon, dass der erste und wichtigste Schritt beim Mann selbst liegt. Ich muss mich entscheiden, welche Rolle ich in der Familie spielen will.

## Mündlicher Ausdruck 2

**Kommentar zum Prüfungsgespräch**

Die Kandidaten lösen die Aufgabe in hervorragender Weise: Sie wählen die Bilder aus, begründen ihre Wahl, diskutieren und finden einen Kompromiss. Dabei reagieren sie gut auf den anderen und begründen ihre Meinung. Sie machen dabei nur sehr wenig Fehler.

# Lösungen

## Wortschatz

### Kapitel 1: Persönliches

#### Ü 1

| Redemittel Herkunft | Redemittel Tätigkeit |
|---|---|
| ich komme aus / von … | ich bin bei … (Firma) tätig … |
| ich bin gebürtige(r) … (Nationalität) | ich beabsichtige … zu … |
| ich stamme aus … + D | ich arbeite als … |
| ich bin … (Nationalität) | ich studiere + Akk |

#### Ü 2

Ich lerne Deutsch,

… um in der Schweiz studieren zu können.

… um in Deutschland zu arbeiten.

… um die B2-Prüfung abzulegen.

… um in Österreich zu promovieren.

… um meine Sprachkenntnisse zu verbessern.

#### Ü 3

… weil ich einen Studienplatz erhalten habe.

… weil ich mit einer / einem Deutschen verheiratet bin.

… weil ich eine Berufsausbildung aufnehme.

… weil an einem Studentenaustausch teilnehme.

#### Ü 5 a

das Abitur absolvieren /ablegen /machen /erwerben

einen Abschluss machen / erwerben

eine Schule / Hochschule besuchen

ein Praktikum absolvieren / machen

ein Studium beginnen / aufnehmen

Erfahrungen sammeln

einen Studienplatz bekommen

Psychologie studieren

an einer Hochschule eingeschrieben sein

### Kapitel 2: Eigenschaften

#### Ü 1

| sparsam | + | offen | + |
|---|---|---|---|
| hilfsbereit | + | angepasst | – |
| geizig | – | verschlossen | – |
| misstrauisch | – | neidisch | – |
| anpassungsfähig | + | fleißig | + |
| ehrgeizig | + | arbeitsam | + |
| intelligent | + | überheblich | – |

#### Ü 2

a. Anita hat einen sparsamen Mann, …

b. Erwin ist ein sehr aufgeschlossener Typ, …

c. Unsere Nachbarin ist eine verschlossene Person, …

d. Ulrike ist eine anpassungsfähige Kollegin, …

e. … So ein misstrauischer Mensch.

f. … alle kennen ihn als sehr ehrgeizigen Studenten.

g. … ist total angepasst. Das ist wirklich schade!

#### Ü 3

| klug | dumm, blöd, idiotisch, unklug | humorvoll | humorlos / langweilig |
|---|---|---|---|
| sensibel | unsensibel | verantwortungsbewusst | verantwortungslos |
| gefühlvoll | gefühllos, gefühlsarm, kalt | sportlich | unsportlich, träge |
| höflich | unhöflich | freundlich | unfreundlich / verschlossen |
| großzügig | geizig, knauserig | aufgeschlossen | verschlossen / reserviert / distanziert |
| hilfsbereit | nicht hilfsbereit | selbstbewusst | wenig selbstbewusst / unsicher |
| geduldig | ungeduldig | ruhig | laut, aufdringlich |

→ un-, ver-, -los, wenig, nicht

#### Ü 4

| ++ | + |
|---|---|
| unglaublich, wirklich, überhaupt (kein / nicht), extrem, enorm, ausgesprochen | eher, ziemlich, recht |

### Kapitel 3: Zusammenleben der Generationen

#### Ü 1

| Kinder | Jugendliche | Erwachsene | Seniorinnen / Senioren |
|---|---|---|---|
| 0 – 12 | 13 – 18 | 20 – 65 | 65 – 100 |
| spielen, lernen | einen Abschluss erwerben, den Führerschein machen, studieren | erwerbstätig sein, sich weiterbilden, eine Familie gründen, einen Beruf ergreifen, Eltern pflegen | in Rente gehen |

#### Ü 3

| | |
|---|---|
| s Mehrgenerationenhaus: ein Haus für mehrere Generationen | s Herzstück: das Zentrum |
| s Miteinander: das Zusammenleben | haushaltsnah: rund um den Haushalt |
| ungezwungen: ohne Zwang, ohne Verpflichtungen | Spektrum: e Palette, vielfältige, verschiedene Dienstleistungen |
| entlasten: Arbeit von jemandem abnehmen | füreinander: jeder tut etwas für den anderen |

#### Ü 4

a. A+, B-, C-, D+

b. A: sinnvoll, profitieren, B: nicht, seine Ruhe haben, C: brauchen keine, D: fördern

### Kapitel 4: Mobilität

#### Ü 1

1. Dienstreise ▪ 2. reisemüde ▪ 3. Reiseleiter ▪ 4. Reiseziel ▪ 5. Weltreise ▪ 6.Rucksackreisender ▪ 7. Durchreise ▪ 8. Reisebüro 9. Reisebericht ▪ 10. Auslandsreise ▪ 11. reiselustig ▪ 12. Abenteuerreise

## Ü 2

a. e Belastung -en ▪ b. e Beeinträchtigung, -en ▪ c. e Bettenburg, -en ▪ d. nachhaltig ▪ e. umweltfreundlich ▪ f. schonen ▪ g. etwas kompensieren ▪ h. s Gewissen ▪ i. erneuerbare Rohstoffe

## Kapitel 5: Neue Medien

### Ü 4

1a ▪ 2a

### Ü 6

Heute habe ich mehrere SMS verschickt und E-Mails beantwortet, mit Freunden im Chatroom gechattet und meinen Internetblog weitergeschrieben, mit einer Tante in Australien geskypt, Fotos mit Photoshop bearbeitet, Kommentare in einem Blog gepostet und schließlich noch stundenlang im Internet recherchiert.

## Kapitel 6: Gesundheit und Vorsorge

### Ü 3

a. Die Zahl der übergewichtigen Kinder steigt an.
b. Bei Kindern, die eingeschult werden, ist keine generelle Gewichtszunahme zu verzeichnen.
c. Die Anzahl der dicken Kinder stagniert auf hohem Niveau.
d. Die Aktionspläne zur Gewichtsreduzierung tragen eher zur Stigmatisierung übergewichtiger Kinder bei.

### Ü 4

a 11 ▪ b 5 ▪ c 12 ▪ d 8 ▪ e 6 ▪ f 2 ▪ g 4 ▪ h 7 ▪ i 3 ▪ j 9 ▪ k 1 ▪ l 10

### Ü 5

| -frei | -arm | -reich | -haltig |
|---|---|---|---|
| laktosefrei glutenfrei … | vitaminarm phosphatarm cholesterinarm kalorienarm | vitaminreich kalorienreich faserreich | koffeinhaltig |

## Kapitel 7: Konsum

### Ü 2

a. Lebenshaltungskosten (Pl.) ▪ b. r Discounter, - ▪ c. sparsam ▪ d. steigen ▪ e. r Verbraucher, – ▪ f. monatliche Ausgaben (Pl.) ▪ g. Nebenkosten (Pl.) ▪ h. r Ökoanbau

### Ü 4

| r Konsument | r Verbraucher |
|---|---|
| r Produzent | r Erzeuger / r Hersteller |
| r Export | e Ausfuhr |
| r Import | e Einfuhr |
| r Discounter | r Billigladen |

### Ü5

billig: kostengünstig, preiswert, niedrig
teuer: überhöht, kostspielig, hochpreisig

## Ü 6

Bereich Körperpflege: Friseur, Kosmetik, Fußpflege, Massage, …
Bereich Bekleidung: Schneider, Änderungsschneiderei, Bügelservice, Reinigung, Wäscherei, …
Bereich Kommunikation: Post, Telefon, Internetanbieter, …

## Ü 7

Die Grafik zeigt, (a) wofür Deutsche ihr Geld ausgeben.
An erster Stelle (b) stehen die Wohnungskosten, die mit (c) knapp / fast 25 % fast ein Viertel der Gesamtausgaben betragen. Es folgen die Aufwendungen für den Verkehr, die immerhin auch 13,6 % (d) betragen. Erst an dritter Stelle kommen die Ausgaben für Lebensmittel (12,7 %), gefolgt (e) von den Dienstleistungen in Höhe von 12,1 %.
Am (f) wenigsten geben die Deutschen für Bildung aus – nur 0,8 % der Ausgaben entfallen auf diesen Bereich. (g) Sogar für Tabak wird noch ausgegeben (1,7 %).

## Kapitel 8: Sprache

### Ü 1

1 b ▪ 2 a ▪ 3 i ▪ 4 f ▪ 5 c ▪ 6 d ▪ 7 e ▪ 8 g ▪ 9 h

### Ü 4

→ *Schmecken bedeutet in der Schweiz unangenehm riechen, stinken.*

### Ü 5

Schweizer Deutsch 3 (Track 15)
Österreichisches Deutsch 2 (Track (14)
Deutsch Deutsch 1 (Track 13)

## Kapitel 9: Wissenschaft

### Ü 2

| A | Arithmetik | N | Neurolinguistik |
|---|---|---|---|
| B | Biologie | O | Osteuropawissenschaft |
| C | Chemie | P | Physik, Philologie, Pharmazie |
| D | Didaktik | Q | Quantenphysik, -mechanik |
| E | Epistemologie | R | Recht, Romanistik |
| F | Finnlandistik | S | Slawistik, Soziologie, Sinologie |
| G | Geowissenschaften, Geisteswissenschaften | T | Technik, Theologie |
| H | Historiographie | U | Urbanistik |
| I | Informatik, Indologie | V | Veterinärwissenschaft |
| J | Jura | W | Wirtschaft |
| K | Kinetik, Kunstgeschichte | X | – |
| L | Lebenswissenschaften, Linguistik | Y | – |
| M | Medizin, Mathematik | Z | Zoologie |

### Ü 3

→ die

# Lösungen

## Ü 4

| | | | | | | | | | | | | | |
|---|---|---|---|---|---|---|---|---|---|---|---|---|---|
| | E | R | K | E | N | N | E | N | | | | | N |
| | | | | | | | | | | | | E | |
| | | E | | | | | | | | | E | D | |
| | E | N | T | R | Ä | T | S | E | L | N | N | | |
| | | | M | | | | | | | I | T | | |
| | | E | | | I | | | F | | | W | | |
| | | | R | | | | T | R | | | E | | |
| | | | | A | | | E | T | | | R | | |
| | E | R | F | O | R | S | C | H | E | N | F | | |
| | | | | B | | | | | | L | E | | |
| | | | | | | | E | | | | N | | |
| | | | | | | | I | | | | | | |
| | | | | | | | | T | | | | | |
| | | | | | E | N | T | D | E | C | K | E | N |
| | | E | R | R | E | C | H | N | E | N | | | |

| ent- | ein Geheimnis herausfinden | enträtseln |
|---|---|---|
| | Architekten skizzieren zunächst ein Gebäude, man sagt, sie … | entwerfen |
| | etwas Unbekanntes finden oder erkunden | entdecken |
| er- | sich etwas durch Arbeit aneignen | erarbeiten |
| | ein wissenschaftliches Thema genau untersuchen | erforschen |
| | ein Ergebnis durch eine mathematische Operation bekommen | errechnen /ermitteln |
| | einen Zusammenhang verstehen | erkennen |
| | sich etwas Neues ausdenken | erfinden |

## Ü 5

Wie viele Menschen haben seit der Jungsteinzeit auf der Erde gelebt? Um diese spannende Frage möglichst genau zu beantworten, hat Rico Hader ein mathematisches Modell entworfen, mit dessen Hilfe sich die genaue Zahl errechnen /ermitteln lässt. Es berücksichtigt unter anderem die veränderlichen Werte für Lebenserwartung, Geburten- sowie Sterberaten. Rico Hader hat eine beeindruckende Zahl errechnet /ermittelt.

## Ü 6

| x 2 | (sich) verdoppeln | klein | verkleinern |
|---|---|---|---|
| x 3 | (sich) verdreifachen | kurz | verkürzen |
| x 4 | (sich) vervierfachen | groß | vergrößern |
| x 5 | (sich) verfünffachen | mehr | vermehren |
| x 6 | (sich) versechsfachen | einfach | vereinfachen |
| x 10 | (sich) verzehnfachen | breit | verbreitern |
| x 100 | (sich) verhundertfachen | gering | verringern |
| viel | (sich) vervielfachen | lang | verlängern |

## Kapitel 10: Prima Klima?

### Ü 2

1. e Klimaerwärmung: die Erwärmung des Klimas
2. r Klimaschutz: der Schutz des Klimas
3. s Klimagas, -e: ein Gas, dass das Klima beeinflusst
4. e Klimawirkung, -en: die Wirkung, die z. B. ein Gas auf das Klima haben kann
5. s Klimaschutzprojekt, -e: ein Projekt, das versucht, das Klima zuschützen, also konstant zu halten
6. s Klimaprotokoll, -e: ein Abkommen, in dem festgelegt wurde, wie man das Klima schützen kann

### Ü 3

| s Treibhausgas, -e: Gase, die den Treibhauseffekt verstärken. | r Emissionsrechner, -: Rechner, der die Emissionen (Abgase) berechnet, die pro Flug anfallen. |
|---|---|
| s Energiesparprojekt, -e: Meistens Bildungsprojekte, um den Menschen zu erklären, wie man Energie einsparen kann. | r Bankeinzug: Das Geld wird automatisch vom Bankkonto abgebucht. |
| s Entwicklungsland, -¨er: Länder, die nicht zur so genannten Ersten Welt, sondern zur Dritten Welt gehören. | e Spendenbescheinigung, -en: Ein Beleg über eine Spende. |

### Ü 4

| traditionelle Energiequellen | erneuerbare Energie |
|---|---|
| e Atomkraft, e Atomenergie | e Windkraft, e Windenergie, |
| s Erdgas | e Solarenergie, e Erdwärme, |
| s Erdöl | s Biogas, e Wasserkraft, |

### Ü 5

| e Verringerung | e Reduktion |
|---|---|
| r Ausstoß | e Emission |
| e technische Erneuerung | e technische Innovation |
| e Geldanlage | e Investition |
| e Bescheinigung | s Zertifikat |
| e Menge | e Quantität |
| e Güte | e Qualität |
| r Reisende | r Passagier |
| e Überprüfung | e Kontrolle |
| r Umweltschutz | e Ökologie |

### Ü 6

Der Flugverkehr ist damit im Vergleich zum Vorjahr etwas weniger gewachsen. Im Jahr 2007 nahm er zwischen Januar und Juni noch um 5,1% zu. Der Anstieg des Passagiervolumens im innerdeutschen Luftverkehr war mit 6,6% wesentlich stärker als der Anstieg bei Flügen im Ausland (+4,3%). … Beliebteste Reiseziele waren dabei Spanien und die Türkei, am meisten gewachsen ist der Flugverkehr nach Österreich und in die Schweiz. Der Flugverkehr nach Italien und Frankreich verzeichnete einen leichten Rückgang.

### Ü 7

seit – viel – soll / wird – die – maximal / höchstens – noch – sein – in – neue – mit – werden

# Grammatik

## Kapitel 1: Adjektive - Komparativ und Superlativ

### Ü 1

| Positiv | Komparativ | Superlativ | Gibt es Besonderheiten? |
|---|---|---|---|
| schön | schöner | am schönsten | – |
| kalt | kälter | am kältesten | Adjektive auf –s, -d, -sch, -ss, -ß, -t, -tz, -x, -z erhalten ein –e- vor -st |
| hoch | höher | am höchsten | unregelmäßige Form |
| jung | jünger | am jüngsten | Umlaut bei vielen Adjektiven mit a,o,u |
| viel | mehr | am meisten | unregelmäßige Formen |
| gern | lieber | am liebsten | unregelmäßige Formen |
| groß | größer | am größten | Umlaut, kein -e |
| gut | besser | am besten | unregelmäßige Formen |
| rosa | rosa | rosa | kann nicht gesteigert werden wie alle Adjektive auf –a |
| voll | voll | voll | kann nicht gesteigert werden, voll ist voll, voller als voll geht nicht ☺ |
| einzig | | | kann nicht gesteigert werden |

### Ü 2

a. Ernesto spricht genauso gut Deutsch *wie* Delia.
b. Delia lebt aber schon länger in der Schweiz *als* Ernesto.
c. Ernesto lebt lieber in einer Großstand *als* auf dem Land.
d. Delia dagegen findet das Leben in einer Großstadt genauso schön *wie* das Leben auf dem Land.

### Ü 3

a. Ballspielen auf dem Hof ist sehr streng verboten.
b. Wir arbeiten mit sehr modernen / hochmodernen Maschinen.
c. Bei einem sehr kleinen Geräusch wurde er wach.
d. Gestern hatten wir sehr schönes Wetter.
e. Ein Mann so um die 30 kam heute ins Büro.

### Ü 4

a. ein sehr / wunder- / äußerst / superschönes Portrait
b. eine bild- / sehr / ausgesprochen hübsche Frau
c. eine sehr / höchst / äußerst gefährliche Situation
d. eine sehr / super- / hoch / äußerst spannende Lektüre
e. ein sehr / höchst / äußerst angenehmes Treffen
f. ein sehr / super- / äußerst interessantes Gespräch

## Kapitel 2: Adjektive – Deklination

### Ü 1

1. Im Theater läuft ein neues Theaterstück. Das neue Theaterstück gefällt mir gut.
2. Da hinten steht ein großer Schrank. Der große Schrank ist aus echtem Holz.
3. Lina trägt ein rotes Kleid. Das rote Kleid steht ihr ausgezeichnet.
4. Michel hat beim Bauern frische Kirschen gesehen. Die frischen Kirschen schmecken wunderbar.
5. Bei Angelo stehen schwarze Stiefel im Schaufenster. Mit diesen schwarzen Stiefeln würde mein neues Kleid noch besser aussehen.

### Ü 2

Neueröffnung des „Chez Fritz"
*Der Tag der langersehnten Neueröffnung des „Chez Fritz" ist endlich da. Das alte Küchenteam lädt unter neuer Leitung wieder zu kulinarischen Genüssen ein. Auf der vielseitigen Speisekarte sind sowohl bekannte Klassiker, wie zarte Lammkoteletts mit echten Schweizer Rösti, aber auch reizvolle Neuheiten, wie zum Beispiel fangfrischer Fisch auf würzigem Bulgurbett, zu finden. Die hohen Erwartungen der verwöhnten Kundschaft werden nicht enttäuscht, im Gegenteil … Aber überzeugen Sie sich selbst!*

### Ü 3

*Sehr geehrte Frau Huber,*

leider schreibe ich Ihnen aus unerfreulichem Anlass. Wie Sie sicherlich noch wissen, haben wir letzten Monat unseren langersehnten Urlaub bei Ihnen gebucht. Zu unserem großen Bedauern war jedoch von der im Katalog angekündigten „traumhaften Meersicht" nichts zu sehen, da man von unserem baufälligen Hotelkomplex noch nicht einmal vom Dach aus auf das kilometerweit entfernte Meer hätte sehen können. Auch die von Ihnen angepriesenen „täglich frischen Leckereien am Fünf-Sterne-Buffet" blieben weit hinter unseren nicht sehr großen Erwartungen zurück. Frisch zubereitete Gerichte hätten uns zu unserem Glück schon gereicht. Außerdem wurde im überaus schmutzigen Frühstückssaal täglich altes Brot auf dreckigen Tischdecken aufgetischt. Wir erwarten eine ausführliche Stellungnahme Ihrerseits und eine angemessene Erstattung des Preises. Zu einer ausführlichen persönlichen Besprechung sind wir gerne bereit.

Freundlich_ Grüße
Bertrand Layette

## Kapitel 3: Konjunktiv II

### Ü 1

| Indikativ | Gegenwart Konjunktiv II | Vergangenheit Konjunktiv II |
|---|---|---|
| er geht | er ginge | er wäre gegangen |
| sie kommen | sie kämen | sie wären gekommen |
| ihr kauft | ihr würdet kaufen | ihr hättet gekauft |
| wir sehen | wir würden sehen | wir hätten gesehen |
| du lachst | du würdest lachen | du hättest gelacht |
| ich fliege | ich würde fliegen | ich wäre geflogen |

### Ü 2

Paolo: „Welches Bild würdest du für die Zeitschrift aussuchen?"
Carlo: „Ich denke, wir könnten das zweite Bild nehmen. Da wäre gleich klar, worum es geht. Jeder denkt dabei gleich an die hohen Preise. Was meinst du?"
Paolo: „Ich würde eher das erste Bild wählen. Da sieht man, wie viele von uns direkt betroffen sind. Es würde auch noch einen weiteren Aspekt deutlich machen, und zwar, dass die Leute das Auto trotzdem nicht stehen lassen."

# Lösungen

Carlo: „Ich weiß nicht, es könnte auch ein Bild zu einem Artikel über Verkehrsüberflutung und Stau sein, meinst du nicht?"

Paolo: „Stimmt. Daran hatte ich nicht gedacht. Was hältst du vom 3. Bild?"

Carlo: „Es ist zwar ein gutes Bild, aber für den Artikel wäre es ungeeignet."

Paolo: „Da stimme ich dir zu. Also, bist du einverstanden, wenn wir uns für das zweite Bild, das Foto an der Tanksäule, entscheiden würden?"

Carlo: „Ja. Lass es uns so machen."

## Kapitel 4 – Konjunktiv I

### Ü 1

| Indikativ | Konjunktiv I | |
|-----------|--------------|--------------|
| | Gegenwart | Vergangenheit |
| er geht | er gehe | er sei gegangen |
| sie kommen | sie kämen | sie seien gekommen |
| ihr kauft | ihr würdet kaufen | ihr hättet gekauft |
| wir sehen | wir würden sehen | wir hätten gesehen |
| ich weiß | ich wisse | ich hätte gewusst |
| du bleibst | du würdest bleiben | du seist geblieben |
| du nimmst | du würdest nehmen | du hättest genommen |
| er lernt | er lerne | er hätte gelernt |
| wir reden | wir würden reden | wir hätten geredet |

### Ü 2

a. Der Schriftsteller André Gide sagte, dass das Geheimnis des Glücks nicht im im Besitz, sondern im Geben liege.

b. Der Libero der Siegermannschaft verkündete, dass sie in der ersten Halbzeit etwas zu kämpfen gehabt hätten. In der zweiten hätten sie dann ihr Spiel gefunden.

c. Greta Garbo meinte einmal, dass nur die Freunde, die man morgens um vier anrufen könne, zählten.

d. Der mehrfache Turniersieger teilte nach seinem letzten Sieg mit, dass er sich aus dem aktiven Sportgeschehen zurückziehen werde, aber bei der Nachwuchsförderung aktiv bleibe.

### Ü 3

a. Tatsache ▪ b. Äußerung ▪ c. Äußerung ▪ d. Tatsache

## Kapitel 5: Negation

### Ü 1

a. Er liebt große Hunde, aber sie liebt keine großen Hunde.

b. Er trinkt gern Bier, aber sie trinkt nicht gern Bier.

c. Er sieht gern fern, aber sie sieht nicht gern fern.

d. Er isst gern Gulasch, aber sie isst nicht gern Gulasch.

e. Er fährt gerne in die Berge, aber sie fährt nicht gern in die Berge.

f. Er mag den Winter, aber sie mag den Winter nicht.

g. Er schaut Sportsendungen, aber sie schaut keine Sportsendungen.

h. Er liest Krimis, aber sie liest keine Krimis.

i. Er geht gern zum Fußball, aber sie geht nicht gern zum Fußball.

### Ü 2

b. Nein, ich war noch nie / niemals in Paris.

c. Nein, ich habe nichts Besonderes gemacht.

d. Nein, ich gehe nie surfen.

e. Nein, ich fahre nirgendwohin.

f. Nein, hier gibt es nirgendwo eine Telefonzelle. Hier gibt es keine Telefonzelle.

g. Nein, niemand hat deine Sonnenbrille gefunden.

h. Nein, ich habe nichts eingekauft.

i. Nein, ich habe noch nichts gegessen.

### Ü 3

Waagerecht:

2. desinteressiert ▪ 7. intolerant ▪ 9. unorganisiert ▪ 10. instabil ▪ 11. arbeitsfrei ▪ 12. unpolitisch

Senkrecht:

1. anorganisch ▪ 3. sinnlos ▪ 4. irrational ▪ 5. inakzeptabel ▪ 6. menschenleer ▪ 8. untypisch

## Kapitel 6: Konnektoren

### Ü 1 (Ausdrücke in Klammern können ausgelassen werden.)

a. Sie musste schon gehen, bevor ihr Freund kam.

b. Die Schüler machten Unsinn, während der Lehrer etwas an die Tafel schrieb.

c. Das Baby weint, bis es etwas zu trinken bekommt.

d. Sie darf ihre Augen nicht öffnen, damit sie das Geschenk nicht erraten kann.

e. Obwohl Hans erst spät ins Bett gegangen war, erwachte er früh.

f. Er spülte das Auto ab und (er) trocknete es, ehe es zu regnen begann.

g. Sie fragte uns nicht, ob Sandra mitkommen darf, aber wir haben nichts dagegen.

h. Seitdem ihre Katze gestorben ist, ist sie immer traurig.

i. Susi hat einen Schlüssel, aber (sie) schließt die Tür nicht auf, sondern (sie) klopft.

j. Meine Mutter macht das Essen, sobald sie vom Einkaufen nach Hause kommt.

### Ü 2

Gute Tat aus Hollywood

Nachdem der junge Star und Publikumliebling Hektor Rodriguez ganz unerwartet und auf tragische Weise ums Leben kam, bevor die Dreharbeiten zu seinem neuesten Film „Die skurilen Welten des Doktor H." abgeschlossen waren, übernahmen Conor Heartland, Tom Bellino und Sean Farley seine Rolle in Rodriguez letztem Film. Ansonsten / Sonst hätte der Film nicht zu Ende gedreht werden können. Jeder der drei spielte eine Version der Hauptfigur, während diese durch die Dimensionen reist. Dies war jedoch nicht das Einzige, was das Trio für ihren geschätzten und allseits geachteten Kollegen tat. Als sie erfuhren, dass der Schauspieler seine erst kürzlich geborene Tochter Ciara noch nicht in sein Testament aufgenommen hatte, spendeten Heartland, Bellino und Farley ihre Honorare kurzerhand an Ciara, damit für das kleine Mädchen gesorgt ist.

## Ü 3

a. Klaus mag sowohl frischen Fisch als auch Fleisch.

b. In Deutschland gibt es nicht nur viele landschaftlich reizvolle Orte, sondern auch viele interessante Städte.

c. Viele Leute interessieren sich entweder für Kunst oder für naturwissenschaftliche Fragestellungen, selten für beides.

d. Um gesund zu bleiben, sollte man nicht nur auf die Ernährung achten, sondern auch auf regelmäßige Bewegung.

e. Viele Studenten beherrschen nicht nur die deutsche Sprache sehr gut, sondern sie kennen oft auch die österreichische Geschichte.

## Kapitel 7: Passiv

### Ü 1

| Vorgangspassiv | Zustandspassiv |
|---|---|
| Die Verträge werden gerade unterschrieben. | Die Verträge sind bereits unterschrieben. |
| Der Kaffee wird gerade gekocht. | Der Kaffee ist bereits gekocht. |
| Die Aufträge werden gerade bestätigt. | Die Aufträge sind bereits bestätigt. |
| Die Mitarbeiter werden gerade eingestellt. | Die Mitarbeiter sind bereits eingestellt. |
| Die Dienstreisen werden gerade geplant. | Die Dienstreisen sind bereits geplant. |
| Die Mitarbeiter werden gerade informiert. | Die Mitarbeiter sind bereits informiert. |

### Ü 2

| Präsens | Präteritum | Perfekt |
|---|---|---|
| Die Grammatik wird wiederholt. | Die Grammatik wurde wiederholt. | Die Grammatik ist wiederholt worden. |
| Zeitungen werden gelesen. | Zeitungen wurden gelesen. | Zeitungen sind gelesen worden. |
| Briefe werden geschrieben. | Briefe wurden geschrieben. | Briefe sind geschrieben worden. |
| Radio wird gehört. | Radio wurde gehört. | Radio ist gehört worden. |
| Online-Aufgaben werden gemacht. | Online-Aufgaben wurden gemacht. | Online-Aufgaben sind gemacht worden. |

### Ü 3

a. Viele Häuser in der Altstadt wurden renoviert.

b. Spielplätze wurden angelegt.

c. Parkplätze wurden neu gebaut.

d. Die Gehwege wurden ausgebessert.

e. Radwege wurden ausgebaut.

f. Ein neuer Park wurde geplant.

g. Der Müll wurde weggeräumt.

h. Die Stadt wurde attraktiver gemacht.

### Ü 4

Einbruchserie als Zeitvertreib

Wie gemeldet wird, gab es in den vergangenen Wochen in verschiedenen Bezirken immer wieder eine erhebliche Anzahl von Anschlägen auf Autos. Wie sich nun herausstellte, wurde von den Tätern dabei keineswegs versucht, die Autos zu stehlen. Die Siedlungen wurden dabei eher zufällig gewählt, auch wurde von den Tätern völlig ignoriert, ob es sich um Wagen mit Wegfahrsperre handelte oder nicht. Nun wurden die Täter dingfest gemacht. Von einem Polizeisprecher wurde mitgeteilt, die ganze Bande, 13 Jugendliche an der Zahl, seien gefasst und in Untersuchungshaft. Als Tatmotiv sei von allen Langeweile genannt worden.

## Kapitel 8: Passiv mit Modalverben

### Ü 1

Die Lesetexte müssen noch durchgearbeitet und Fragen dazu noch beantwortet werden.
Grammatikaufgaben müssen noch gelöst werden.
Audiodateien im Computer müssen noch angehört werden.
Briefe müssen noch verfasst werden.

### Ü 2

Die Vokabeln hätten noch gelernt werden müssen.
Die Lesetexte hätten durchgearbeitet und Fragen dazu beantwortet werden müssen.
Grammatikaufgaben hätten gelöst werden müssen.
Audiodateien im Computer hätten angehört werden müssen.
Briefe hätten verfasst werden müssen.

### Ü 3

1. lesbar ▪ 2. umsetzbar / realisierbar ▪ 3. essbar ▪ 4. wiederverwertbar ▪ 5. begehbar ▪ 6. tragbar

### Ü 4

Tipps und Tricks zur Prüfungsvorbereitung

Zur Vorbereitung lassen sich vielfältige Quellen nutzen. Hören Sie Radio, sehen Sie fern und lesen Sie die Zeitung. Treffen Sie Freunde und reden Sie über Gott und die Welt. Hausaufgaben, die sie im Kurs bekommen, sind zu erledigen. Wussten Sie schon, dass sich pro Tag höchstens fünf neue Wörter lernen lassen? Vergessen Sie aber nicht, dass dafür bereits gelerntes Vokabular von Zeit zu Zeit zu wiederholen ist. Texte zu verfassen ist von Ihnen oft zu üben, denn das Schreiben lernen Sie nur, indem Sie es tun.

## Kapitel 9: Positionen im Satz

### Ü 1

a. Er fährt morgen mit dem Zug nach Spanien.

b. Sie begleitet ihren Freund bis zur Grenze.

c. Wir schenken unseren Freunden eine Flasche Wein.

d. Wir schicken sie ihnen per Post.

e. Die Studenten kennen die Prüfung gut.

f. Sie haben sich gut darauf vorbereitet .

g. Ich empfehle Ihnen die neue CD von Laola.

h. Ich fliege heute Abend nach dem Konzert nach Tokio.

i. Ich kaufe mir einen Mantel.

j. Ich kaufe ihn mir.

k. Heute hat Cecilia Steven eine große Torte zum Geburtstag gebacken.

l. Weil die Torte eine Überraschung war, hat sie es ihm nicht gesagt.

### Ü 2

Für erhebliche Unruhe hat die Entscheidung einiger Gast-

# Lösungen

wirte gesorgt, Kinder aus ihren Restaurants zu verbannen. Kunden wundern sich und Eltern sind entrüstet. Politiker bezweifeln die Rechtmäßigkeit eines solchen Verbots. Die Gastwirte verteidigen sich und ihre Entscheidung jedoch. Ihnen seien Kunden weggeblieben, die keine Lust hatten auf Kindergeschrei, berichten sie. Also zu Tisch, aber ohne Kinder, denn diese müssen nämlich draußen bleiben.

## Ü 3

Valentin ist zu gut für die Kinderliga
Valentin spielt mit großer Begeisterung in der Kinder-Baseball-Liga. Der erst neunjährige Junge ist sehr talentiert. Er wirft so schnelle Bälle, dass der Verband verlangt, das Talent aus dem Team zu nehmen. Diesem wurde vom Verband nämlich verboten, weiter als Werfer an Spielen teilzunehmen. Valentin zeigte sich enttäuscht, sein Trainer ließ verlauten, dass er sich weigere, den Jungen von der Spielerliste zu streichen. Sowohl seine Mitspieler wie auch deren Eltern stehen ganz hinter Valentin und sogar anderen Mannschaften aus der Liga. Als Valentin am vergangenen Wochenende von den Schiedsrichtern nicht aufs Spielfeld gelassen wurde, setzten sich sowohl seine wie auch die gegnerische Mannschaft aufs Spielfeld und weigerten sich zu spielen. Die Eltern und Trainer beider Mannschaften taten es ihnen gleich. Eine Stellungnahme der Liga liegt bis jetzt nicht vor.

## Kapitel 10: Textaufbau

### Ü 1

a. Ich freue mich auf Weihnachten, obwohl jetzt erst Pfingsten ist. Ich freue mich schon darauf.
b. Wie bitte? Ich habe dich nicht ganz verstanden. Worauf freust du dich jetzt schon?
c. Für Oma ist es nicht schlimm, wenn die Enkel Unsinn machen. Sie lächelt nur darüber.
d. Nach einem Länderspiel hupen viele Autos. Die Nachbarn regen sich darüber auf.
e. Frank ist von einer Weltreise zurückgekehrt und erzählt heute Abend darüber / davon.
f. Ich muss dauernd daran denken, wie schön das Geburtstagsfest doch war.
g. Weißt du eigentlich, womit sich dein Ältester in der Schule hauptsächlich beschäftigt?
h. Bevor wir eine Reise buchen, müssen wir darüber sprechen, wohin wir fliegen wollen.
i. Dieser Vertrag ist erst gültig, wenn Sie Ihre Unterschrift daruntersetzen.
j. Könntest du mir erklären, worum es in deinem Buch geht.
k. Wozu ist diese Taste auf deinem Handy?
l. Viele Menschen demonstrieren dagegen, dass die Firma geschlossen wird.

### Ü 2

| Häufig gebrauchte Redemittel | Einleitung | Hauptteil | Schluss |
| --- | --- | --- | --- |
| Sehr geehrte Damen und Herren, … | x | | |
| Mit freundlichen Grüßen / Freundlicher Gruß | | | x |

| | | | |
| --- | --- | --- | --- |
| Meiner Meinung nach … | | x | |
| Aus diesen Gründen … | | x | |
| Hier geht es doch um … | | x | |
| Ich glaube / finde / meine / denke, dass … | | x | |
| und dann … / …, aber … / danach … | | x | |
| Liebe(r) …, / Hallo …, / Hi! | x | | |
| Erstens … zweitens … / einerseits … andererseits … | | x | |
| Ich schreibe Ihnen, weil … / Ich habe gehört, dass … | x | | |
| Tschüss | | | x |

### Ü 3

Das Motto der Woche des Hörens lautet nicht „Wie bitte?" sondern kurz und präzise „Was?". Bei der Aktion des Forums „Gesundes Ohr" können Interessierte einen kostenlosen Hörtest machen lassen. Dabei / Hier stellt ein ausgebildeter Hörakustiker fest, ob und wie weit das Hörvermögen eingeschränkt ist. Außerdem / Darüber hinaus / Auch können die Akustiker darüber Auskunft geben, was im Falle einer Schwerhörigkeit zu tun ist. Ein vermindertes Hörvermögen bedeutet verringerte Lebensqualität und kann zur gesellschaftlichen Isolation führen. Viele Menschen aber / jedoch haben Angst vor einem Test, obwohl / obschon / obgleich moderne Hörgeräte heute so klein und leistungsstark sind, dass damit eine Schwächung des Gehörs gut und unauffällig beseitigt werden kann.

# Mit Erfolg zum Goethe-Zertifikat B2
Übungsbuch

## Audio-CD

| Track | Prüfungsteil | Aufgabe | Länge |
|---|---|---|---|
| 1 | Hörverstehen, Teil 1 | Aufgabe 1 | 02:23 |
| 2 | Hörverstehen, Teil 1 | Prüfungsaufgabe | 02:12 |
| 3 | Hörverstehen, Teil 2 | Aufgabe 1 | 01:33 |
| 4 | Hörverstehen, Teil 2 | Aufgabe 3 | 01:53 |
| 5 | Hörverstehen, Teil 2 | Aufgabe 4 | 02:17 |
| 6 | Hörverstehen, Teil 2 | Prüfungsaufgabe | 10:52 |
| 7 | Hörverstehen, Teil 2 | Prüfungsaufgabe (Wiederholung) | 01:30 |
| 8 | Hörverstehen, Teil 2 | Prüfungsaufgabe (Wiederholung) | 04:49 |
| 9 | Hörverstehen, Teil 2 | Prüfungsaufgabe (Wiederholung) | 04:50 |
| 10 | Hörverstehen, Teil 2 | Prüfungsaufgabe (Wiederholung) | 10:07 |
| 11 | Mündlicher Ausdruck, Mitschnitt | Prüfungsaufgabe 1 | 02:39 |
| 12 | Mündlicher Ausdruck, Mitschnitt | Prüfungsaufgabe 2 | 02:18 |
| 13 | Wortschatz | Aufgabe 6 | 01:52 |
| 14 | Wortschatz | Aufgabe 6 | 01:52 |
| 15 | Wortschatz | Aufgabe 6 | 01:58 |
|  |  |  | **53:13** |

### CD-Impressum

**Aufnahmeleitung**   Ernst Klett Sprachen GmbH, Stuttgart

**Produktion**   Bauer Studios GmbH, Ludwigsburg

**Sprecher**   Lino Ciriello, Michael Holz, Jo Jung, Regina Lebherz, Jessica Mehler, Stephan Moos, Peter Sikorski, Michael Speer, Uwe-Peter Spinner, Henrik van Ypsilon, Luise Wunderlich, Inanc Bilgili, Andrea Frater

**Tontechnik**   Michael Vermathen, Bauer Studios GmbH, Ludwigsburg

**Presswerk**   P+O Compact Disc GmbH & Co.KG, Diepholz

**Gesamtzeit**   53:13

# Quellen

## Textquellen

Die folgenden Originalvorlagen wurden vom Autorinnenteam gekürzt und bearbeitet.

S. 24: „Die Schicksalsfrage der Nation" © Wuellenweber, STERN, Heft 52/07
S. 28/29: „Kinderarmut" © Hauser, STERN, Heft 52/07Stern 52/2007
S. 32: „Männer kommen schlechter klar" © Petra Apfel, Associated Press, Frankfurt
S. 54: „Die 13 wichtigsten Fragen zur Sprache" © GEO Wissen 2007, Nr. 40, Gruner + Jahr AG & Co KG, Hamburg
S. 120: „Kommunikation" © Jan Linnemann
S. 122: „Die Zahl dicker Kinder nimmt nicht weiter zu, für Entwarnung aber besteht kein Anlass" © Christina Berndt, SZ vom 28.5.2008, Süddeutsche Zeitung, München
S. 124: „Steigende Lebenshaltungskosten - wie gehen die Deutschen damit um?" © Statista GmbH, Hamburg
S. 129: „Wie viel Menschen lebten auf der Erde?" © Sächsisches Staatsministerium für Kultus, Dresden
S. 130: „Klima" © atmosfair gGmbH, Berlin

## Bildquellen

S. 7: Getty Images RF (PhotoDisc), München
S. 41: Klett-Archiv, Stuttgart
S. 57: Klett-Archiv, Stuttgart
S. 87: Klett-Archiv, Stuttgart
S. 102.1: shutterstock (Jake Hellbach), New York, NY
S. 102.2: shutterstock (laurent hamels), New York, NY
S. 104.1: shutterstock (Scott Sanders), New York, NY
S. 104.2: shutterstock (vera bogaerts), New York, NY
S. 106: shutterstock (iofoto), New York, NY
S. 107.1: shutterstock (Diego Cervo), New York, NY
S. 107.2: shutterstock (Rui Alexandre Araujo), New York, NY
S. 109.1: shutterstock (Christian Wheatley), New York, NY
S. 109.2: shutterstock (John Orsbun), New York, NY
S. 109.3: shutterstock (David H.Seymour), New York, NY
S. 111: creativ collection Verlag GmbH, Freiburg
S. 112.1: Avenue Images GmbH (Ingram Publishing), Hamburg
S. 112.2: Das Fotoarchiv (RF), Essen
S. 112.3: iStockphoto (RF), Calgary, Alberta
S. 112.4: Getty Images RF (PhotoDisc), München